母親になるということ

新しい「私」の誕生

ダニエル・N・スターン
ナディア・B-スターン［著］
アリソン・フリーランド

◉北村婦美［訳］

創元社

エイドリアンとアリスに

目次

第Ⅲ部　母親の適応

母親になるということ

新しい「私」の誕生

はじめに

この本は、「母親になる」という心の体験について書かれた本です。ある意味で母親というものは、赤ちゃんが生まれてくるように、その女性の心の中に生まれてこなければなりません。女性が自分の心の中に生み出すのは、新しい人間ではなく新しいアイデンティティであり、母親としての自分です。こうしたアイデンティティは一人ひとりの女性にどのように生まれ、何を感じさせるのでしょうか？

母親の心理や母親業の実際について書かれた書物はたくさんありますが、新しいアイデンティティが形づくられていくさまを扱ったものはほとんどありませんでした。女性は誰もが自分自身の心を、苦労して築き直して母となるのであり、それは母親としての心のあり方すなわち母性を生み出すことであって、まさに深く個人的な体験だと言えます。

こうした母性は、赤ちゃんが産声をあげたときに生まれるのではありません。女性はある一瞬に、ドラマチックに母親に生まれ変わるわけではなく、出産前後の何か月にもわたる心の仕事の積み重ねによって、母親となるのです。

では、いったい何がこういう母性をつくり出すのでしょうか？　またその母性は、それぞれの女性にとってどんなふうに独特で、またどんな共通点をもつのでしょう？　どんな段階を経ていくのでしょう？　そしてこの驚くべき新たな心の旅がどんなものであるかを知り、それを無事に切り抜けるにはどうすればいいのでしょう？　これがこの本のテーマです。

そもそも母親とはいったい、正確には何者なのでしょう？　母親でない女性とは根本的に違うのでしょうか？　単純な問いに聞こえるかもしれませんが、この問いは実は、心理学や心理療法の専門家たちが抱いている、最も基本的な想定を突いているのです。

私は精神科医として、ずっと赤ちゃんや親御さんたちの観察と治療にたずさわってきました。三〇年間近く幼児の心の発達を研究し、母子関係を観察し、関係が損なわれていた母子の治療にあたってきました。そのほとんどの間、私は母親というものを、これまでの責任に加えて新たな行動や反応が求められるようになった一人の女性に過ぎないと思っていました。確かに女性は、子どもをもつと新たな感じ方や行動のパターンを身につけねばならなくなりますが、本質的には出産前と同じままだと信じ切っていたのです。

心理学関係の人たちは男女を問わず、母親の治療にあたっては、伝統的に既成の理論に依拠してきました。たいていの心理学理論は、大半の人に当てはまり、かつその心の働きを説明できるような、一般的原則の上に築かれています。その法則性を追求するにあたって心理療法家たちは、あらゆる人の行動を説明する、たった一つの基本的な心のしくみや傾向があると信じてきました。その人の心の傾向は、一生涯続くと考えられてきたのです。

こうした心の傾向こそが、私たち一人ひとりの精神生活に有機的なまとまりをもたらしている、すなわち組織化《オーガナイズ》しているものなのです。つまりその心の傾向が、自分が何を一番重要と考えるのか、何を一番気にするのか、特定の状況で何を認識するのかを決めます。何に喜び何に胸躍らせるのか、何に驚き何を退屈に思うのかを決めるのです。それは、私たちの下す選択や行動様式に影響を与えます。こんなふうに心の傾向は、人間の精神生活を組織化することによって、私たち自身を今あるような、まとまりある個人にしているのです。

精神保健の専門家は各人の専門的関心に従って、「エディプス・コンプレックス」とか「安定したパーソナリティ・不安定なパーソナリティ」あるいは「依存的・非依存的性格」といった理論でものを考え、説明しようとします。けれどもどんな理論に与《くみ》するにせよ、母性はそれまでに存在した心の傾向の、ちょっとしたバリエーションに過ぎないと見なされてきました。赤ちゃんが生まれることによって女性の精神生活が根底から変わるなどとは、誰も考えなかったのです。

私も長年そのように信じてきたのですが、共同執筆者（妻）の助言のおかげで、伝統的な心理学のモデルでは女性の心に母性がもたらす影響を説明できないことに気づきました。それは単純な気づきでしたが、精神保健の専門職にとっては深い含蓄をもっており、これから母性の世界に入ろうとする女性自身にとっても、また深い意味をもつことに思えました。母親となる過程で、女性はそれまでとは根本的に違う心の傾向をもつようになり、母親でない女性たちの知らない領域に入っていくことに私は気づいたのです。女性がそれまでどんな動機や傷つきやすさ・情緒的反応をもっていたとしても、その女性が母親となると、以前とはまったく違う考え方で行動するようになります。この母親としての心はそれまでの精神生活を脇へ押しやり、中心へと躍り出て、心全体にまったく違うなりたちを与えるのです。

私にとっては母性のもつ独自性は思いがけぬ大発見でしたが、いろいろな意味で今では、ほとんどあたりまえの常識に思えます。結局母親となる準備を整えていく途上で、これまでの人生におけるどの経験とも違う経験に直面していくのですから。赤ちゃんを授かると、それによってある期間、何を考え何を怖れ何を願い、どんなことを空想するかが決まってきます。それは感情や行動に影響を与え、基本的な感覚や情報処理のシステムを強めさえします。子どもをもつことで好みや喜びは変化し、価値観は組み変わります。それはあなたの過去の関係すべてに驚くべき影響を与え、最も親しいつながりを見直させ、人生における自分の役割を定義し直させるのです。

母親になると、あなたには必然的に母としての心、すなわち母性が生まれ、それはある期間、人生の道すじを示す北極星のように作用するでしょう。これは単にあなたの精神生活が焼き直されたものではなく、それまでの秩序と並行して存在することになる（そしておそらくはそれにも影響を与える）まったく新しい秩序なのです。そして、こうしたことがあなたの内面で起こるいっぽう、物理的な面では、お乳をあげて育んだり遊んであげたり寝かしつけたりといった新しい仕事をこなすことを覚えていって、生まれたばかりのこの小さな人を愛するようになるのです。母親の心の世界に、これまでほとんど探求や説明がされてこなかったのも不思議ではありません。というのも母親自身には、それを確かめるような時間などないのですから！

初めてこういう話を耳にされたお母さんは、「こういうものの感じ方は一生続くのですか？」とお尋ねになるかもしれません。臨床家としての経験からいうと、それは確かに生涯にわたって続くものの、いつまでも中心を占めてはいないようです。赤ちゃんが生まれてからは、母性はあなたの世界を満たし、あなたの思考や行動を直接決定します。そのとき以前の心の秩序は、ただ背景に押しやられているだけです。どのくらい長く続くかは、女性によって異なります。週単位か月単位、あるいは年単位かもしれません。主に仕事に戻らねばならないといった実際的・経済的必要から、母性的なものが心を占める期間が決まってくることもよくあります。

生活する上での現実に、より注意を向けねばならなくなるにつれ、母性は退いてゆきます。しかし母性そのものが消え去るわけではなく、むしろ子どもが病気になったり困ったり危機に陥ったりなど、必要なときにはいつでも再び表に出てこようと待機しています。子どもが何歳になろうが必要とされたなら、あなたはきっと母親として反応するでしょう。

ニューヨーク・シティ・テレビで、長年毎晩一〇時に流れていたCMはこんなふうでした。「一〇時です。子どもがどこにいるか、知っていますか?」その瞬間、これを耳にした母親たちはほとんど全員がわが子のことを、その子が生後四〇週であろうが四〇歳であろうが思い起こしたに違いありません。その瞬間には母性が、必要とあらば行動をとろうと身がまえつつ、心の中心に躍り出てきたわけです。

ですから母性に伴う特別な心の秩序が、新たにあなた自身の一部として刻まれて、初めは重点的に、のちには必要なときだけ活躍するようになるのです。けれどもそれは、前景に立とうが背景に退こうがとにかく存在し続けるので、母親としてのあなたはこれまでの心理学理論が予測し損なってきたような仕方で、独特な人間存在になります。あなたは二度と出産前のあなたに戻ることはないでしょう。こうした変化を怖れる必要はないものの、軽視すべきでもありません。それでは、ものの見方が最も劇的に変化するのはどんな面なのか、これから見てゆきましょう。

「娘」から「母」へ

あなたはこれまで、ご自分の母親にとっては娘であり続けてきたので、その関係はよかれ悪しかれずっとあなたのアイデンティティの中心にあったと思います。子どもを授かるとあなたは娘であるというより、むしろまず母親と身を重ねる、つまり同一化するようになります。誰かの娘であった生活は過去のものとなり、すばらしい可能性を秘めた、母親としての生活が始まるのです。

わずかな期間に生じるこの根本的変化のせいで、あなたは大きな何かを失うとともに、すばらしいものを得るでしょう。いずれにせよあなたは、二度と単なる娘には戻りません。こういうアイデンティティの変化もあって、ほとんどの女性が出産後に複雑な感情をもちます。幸せなのに悲しいのはなぜなのか。それは子どもを授かる喜びの反面、背後に残してきたものへの悲しみがあるからなのです。

他の女性たちに関心が向いてくる

赤ちゃんができると、周りの人たちが違って見えてくるのに驚きます。女どうしのつきあいに関心をもつようになった自分に気づくかもしれません。実際新たに母親となった人の多くは、男性にまったく興味をもたなくなり、またほとんどが、たとえば自分の父親よりむしろ母親のことを知りたく思うようになります。自分の母親が、妻であれ一女性であれ彼女自身として現在どうかというより、むかし自分の母としてどうだったかを知りたくなるのです。

これまでに確立されてきた心理学理論のほとんどは、女性が母親を含め他の女性との間に結ぶ関係を、男性との関係のもとで見てきました。たとえば二人の女性の相互交流を考える際、それを男性を含む三角関係の二点として（そこに男性が目に見える形でいようがいまいが）見ようとするわけです。これもまた、今まで受け入れられてはきたけれども、変革を求められる理論です。女性の人生のこの時期、つまり赤ちゃんが生まれる時期には、他の女性たちとの関係を、男性とは独立したものとして見たほうがより正確です。

夫への見方が変わる

では、こうして新たにできた女どうしのつながりのどこに、夫はおさまるのでしょう？　夫への見方は実に変化し、おそらく自分の伴侶としてより、むしろ赤ちゃんの父親としてのアイデンティティに関心が向くでしょう。これが当てはまるような動物集団を科学者は知っています。子連れの雌ヒヒは、うまく子どもの世話ができるオスしか寄せつけないのです。あなたも意識的にせよ無意識的にせよ、父親としての能力を重視してパートナーを評価するようになるでしょう。

いっぽう、夫はこの変化を理解しがたく感じます。というのもこの変化には、妻の性欲の減退を伴うことが多いからです。でももし夫が、母性に伴って生じてくるやりとりや感性の特徴を学んで知っていれば、気持ちもプライドも傷つかずにすみます。出産を終えた女性のほとんどがこうむる自然で避けようのない変化に自分たちはさらされていること、そしてそれは出産後数か月に特に目立つ変化であることを、二人がしっかり理解していることが大切です。

少なくともしばらくの間は関心のありかが移り、セックス・攻撃性・競争・優位性といったことに関わる通常の心理はずっと背後に退き、世話・協調・養育・創造性が前景に立つようになります。

新しい三者関係をつくる

人間の性格形成には、母・父・子という三者関係が中心的役割を果たすものと長年考えられてきました。私たち一人ひとりがそうした三者関係の産物であり、子どもが生まれるとその三者関係も一世代あとに移行するというわけです。しかし私は新たな、そして同じくらい重要な三者関係が、この時点からより重きをなしてくると主張したいのです。その新たなダイナミクスとは、あなたと、赤ちゃんと、あなた自身の母親からなる三者関係です。あなたが自分の母性を育んでいくときには、あなた自身の生いたちが決定的なものになります。自分の母親、あるいは自分の人生において母親役であった人たちについて考えをめぐらせ、新たにつくっていく母親役割のモデルとしてふさわしいかどうか、吟味している自分に気づくでしょう。

赤ちゃんの命を守る

母親となった人に決定的にのしかかるのは、他人の命に対する究極的な責任を、突然担わされてしまったという思いです。これは誰にとっても滅多とない、緊張を強いられる状況であり、特に初めてお産を迎えた女性にとってはそうでしょう。これまで大きな責任を任されたこともあったでしょうが、この絶対的な責任はまったくケタ違いです。ただ単に赤ちゃんを生かしておくという以上に、あなたは赤ちゃんをいきいきと成長させてあげなければなりません。この仕事をやっていくのに必要な自信や確信のようなものは、赤ちゃんが元気にしているのを自分の目で確かめられるようになると徐々に育ってきます。こうした成功とともに、自分には子どもの求めているものを与える能力があるのだという、静かで深い確信が生まれてきます。「自分は確かに母親なのだ」という確信です。

認めてほしい気持ち

どんな母親も新しいアイデンティティを認められ、支えられたいと願うものです。そのために、たぶんあなたはご近所であれ電話でやりとりする仲であれ、親族や友だちからなる、特別な支え合いのネットワークを築こうとするでしょう。大事なのはそのネットワークが、現在子育て中か、あるいは過去に豊かな子育て経験をもつ人たちからなることなので、普通それは親しいお母さんどうしの集まりになります。そういうネットワークでは自分の心配事を安心して話せ、自分の中の親らしい部分を発見していくことができるのです。こういうネットワークを求める気持ちもまた、母性の一部です。

愛することと愛されること

結局のところ、赤ちゃん自身の愛し愛される能力のほとんどは、あなたが赤ちゃんを愛することによって育まれます。妊娠期間中お腹の赤ちゃんのことがだんだん分かってきたように思っていても、生まれたばかりの赤ちゃんは新米のお母さんにとって謎そのものです。それでいてこの小さな見知らぬ存在には、抗しがたい力で引きつけられます。新米のお母さんは、赤ちゃんに愛されることを覚えていきます。常に形を変えながら続いていく愛着の絆にいつも心を寄せていることも、母性の一部分です。

感性の変化に気づく

母親になると、周囲のものごとに対する反応が変わり、気にとまるもの・聞くもの・嗅ぐものすべてについて、まったく新しい感性をもつようになるでしょう。ある母親はこう語ります。

子どもをもつとすぐ私は、自分の中でそれまでにない反応が起こるのに気づきました。それはまずテレビのニュースを見ていたときに始まりましたが、そこには本当にひどい嵐の中で、家に閉じ込められたわが子のもとに、何とかしてたどり着こうとしている母親が映っていたのです。自分が反応していると気づきさえしないうちに、私の目には涙が浮かび、胃のあたりがむかついてきました。それからというもの、子どもの死とか病気に関わる話にはほとんど耐えられなくなりました。私はニュースを見なくなり、子どもが傷ついたことを報じるような新聞や雑誌の記事を長いこと避けねばなりませんでした。それはまるで私が世界中の母親たちと、突然一つになったかのようでした。

私が接してきた多くのお母さんたちがこれと同じような反応を語り、それまで平気でやり過ごしていたようなことが、母親としての目からはまったく違って見えるのに驚いていました。

自分の直観を受け入れる

赤ちゃんができると、自分が考える前に動いているのに、何度となく気づきます。母性本能によって、赤ちゃんとの関係を築くような抱き方や触れ方・音のたて方を、直観的にするようになります。まもなくあなたは、これまで触れたこともないような直観的な反応や行動が、自分の内に蓄えられていたことを知るでしょう。

赤ちゃんがやってくるまでは、あなたは自分の人生をしっかり理性的にコントロールしようとしていたかもしれません。たぶん仕事の上で求められたのは予測可能な反応で、分かりやすい日課を毎日のようにこなしていたでしょう。けれども赤ちゃんとの日々では、あなたは自分の時間のほとんどを自発的な活動に費やし、そこでは直観のつまった知恵袋をまさぐって、その場にふさわしい反応を即興で思いつかねばならないのです。こういう生き方に簡単になじめる人もいますが、ルールがころころ変わったり、そもそもどう動いていいのか分からないような場でやっていくのがとても苦手な人もいます。しかし、たとえあなたが多少の戸惑いを感じたとしても、自発的な反応はやがてあなたの新しいアイデンティティの一部になっていくでしょう。

赤ちゃんと仕事のバランス

赤ちゃんの世話と仕事を両立することは、どんな女性にとっても複雑な問題です。一般に、赤ちゃんのほうが初めは優先されるでしょうが、たいていの場合、赤ちゃんの誕生は両親と子どもとの妥協点を探っていく、長く困難な旅の始まりに過ぎません。一人ひとりのお母さんが下さざるをえなかった決断や選んだ解決法は、その人の時間の使われ方を決めるだけでなく、母親としてのアイデンティティに新たな面を加えることになるでしょう。

社会に新たな居場所を見いだす

赤ちゃんを連れて外出するようになると、社会は母性に対してある公的な役割を割り振り、それに見合った期待をかけてきます。あなたはそれを拒否することも、あるいは喜んで受け入れることもできますが、完全に逃れることはできません。あなたはこの世界の中で、もはや最終的に自分にだけ責任を負っていればよい一個の自由人ではないのです。母親としての新たな責任は返上できません。あなたが何を思おうが考えようが、あなたは世間の目から見れば母親となったのです。

ある母親は、次のように思い起こしました。

独身の頃にも結婚してからも何度も歩いた町に、赤ちゃんを連れて出向きました。これまで私はずっと、自分の女性としての魅力を知っていました。でも赤ちゃん連れになると急に私は、昔の私ではなくなったのです。みんな私が母親であることを知っており、私を赤ちゃんと一組のものとして見ていました。何という衝撃だったでしょう。

親族の中に新しい役割を見いだす

社会があなたに向けるまなざしは強力なものですが、親族があなたと新しい赤ちゃんとに向けるまなざしは、もっと劇的なものです。赤ちゃんの誕生とともに、あなたは自分の生まれ育った家、すなわち原家族で新しい役割を得て、世代の継承という重要な役を担うことになります。あなたは突如として、地球の壮大な歴史の登場人物となるのです。親族はそれを知っていますが口には出さず、お母さんの中にはその責任を衝撃的に感じる人さえいます。こういうことをまだ経験のない人に、どう説明できるでしょう？　またしてもあなたのアイデンティティは、他者のまなざしの中で変化させられ、最終的にはあなたが自らに注ぐまなざしの中でも、また変化させられるのです。

新しい暦を刻む

赤ちゃんが生まれた日は、あなたの個人史の中でかなめの出来事となり、新しい時代を画します。何年後かに、「最近カリフォルニアの弟を訪ねたのはいつ？」と尋ねられたら、あなたはこんな具合に答えるでしょう。「確か、赤ちゃんがまだ歩き出したばかりの頃だったわね。あの子が飛行機の通路で立ち上がったのを覚えているし、きっと四年前に違いないわ。ということは一九九六年ね」。あなたは時を二つの暦で計算するようになるわけです。一つは世界中のみんなが使っている暦ですが、もう一つはあなただけの暦で、こちらは赤ちゃんの年齢や発達の節目になる出来事を刻んだ暦なのです。

タスク・オーナーシップの発見——自分の責任に気づく

あなたはたぶんこれまでにも、母親たちが二四時間暇なしだと話しているのを聞いたことがあるでしょう。でもそれがどういう意味なのか、本気で考えはしなかったかもしれません。「責任は私がここで取る（任せとけ）The buck stops here」という古い言い回しは、母親になると新たな意味合いを帯びてきます。二四時間三六五日、あなたが赤ちゃんの命に関わる究極的な決定を任されるのです。たとえ実際の仕事を他の人に代行してもらえても、究極的な責任を免れうるときはありません。

この種の責任を「タスク・オーナーシップ」と言います。あなたが責任を負っているので、どんな成功も失敗も、たとえそれが他人によってもたらされたとしても、あなたに帰せられるのです。たとえ連れ合いと課題《タスク》を分担し合っていたとしても（するに違いありませんが）、社会はあなたを真の責任者《タスク・オーナー》として指名してしまうのです。

実際にそれがどういうことなのかというと、本当はどうしたらいいか分からないときでも未経験の状況でも、あなたは即断せねばなりません。最高経営責任者、任務遂行中の警察官、あるいはいつ呼び出されるか分からない医者のようなものです。あらゆる視線が権限を握るその人に注がれ、どうすべきか知っていることが期待されます。赤ちゃんが夜中に泣き出したとき、発疹を出したとき、昼食を吐き戻したとき、あらゆる人の目があなたに注がれるでしょう。

不慣れな状況下でも、求められるどんな決断にもましてあなたには、おのずから赤ちゃんを愛し、育つようにしむけ、人としての基本をどう教えたらよいかちゃんと知っていることが期待されます。たとえ特別な訓練なしでも、とにかくこの仕事に適役なのは当然あなただとされるのです。あるお母さんはこのことへの気づきを次のように述べました。

生まれたばかりの赤ちゃんを連れて帰宅する途上、私は車の後部座席に座っていました。私が見つめていると、急に赤ちゃんが鋭くか細い声で泣きはじめました。すがれる看護師も友だちも、他のお母さんもいません。自分がやらねばならないのだと、はっと気がつきました。この子は私の赤ちゃんで、私はこの子に何が必要か知っていることになっているのです。何とかあやそうとしながらも私は自分の中に、多少のおののきを感じました。

……………………………………

これまでお話ししてきたすべての要素が、母性に関わってきます。けれどもあなたの心に起こる変化以上に、あなたは新しい母親として、この社会・この時代がもつ特殊性にも対応していかねばなりません。その両者があいまって、あなたの母親としての成長にさらに影響を与えていくのです。

母性と社会一般

これまでの三〇年間は、フェミニズム運動が母親の心の内を探索する導きとして期待されていたかもしれません。リプロダクティブ・ライツ（性に関する女性の自己決定権）や働く母親の権利が、男女不平等と戦う上で重要な問題と考えられるようになったのは、主としてフェミニズム運動の力によるものでした。しかし戦略上の理由からフェミニズム運動が特に力を注いだのは、平等の必要性が特に明らかで切迫している現場——職場・スポーツ・政治——であり、育児という、より厄介な領域ではありませんでした。

私はこの沈黙ばかりでなく、その過程を目下くぐりぬけているお母さん方が、いかにまれにしかその経験を取り上げて話そうとしないかに驚いてきました。個々のお母さん方は、自分が日々新たな激しい情緒――強烈な愛情、守ってあげたいといううずくような思い、新しい命を気遣い育みたいという気も狂わんばかりの欲求――を経験していることを直観的に知ってはいても、それを自分の中でどう説明すればいいのか分からないし、ましてや他人にはなおのこと説明しづらいのではないでしょうか。

精神保健の専門家たちも社会一般も、この私的な心の経験には注意を向けてきませんでした。私たちの社会では、つわりや乳首痛や産後の疲労感などについては気軽に語られます。母乳か人工乳かが公《おおやけ》の場で論争され、職場復帰の是非やその時期について母親が抱くジレンマが詳細に分析されます。政治的には、よりよい健康や育児休暇を勝ち取るための戦いがなされます。しかし奇妙なことに、母親の内面で生じている劇的な、そしてしばしば圧倒的ですらある変化については、誰も語らないのです。

けれども母親が本当に生きているのは、この内なる領域においてではないでしょうか？　――生まれたばかりの赤ちゃんと暮らす日々に、これまで経験したこともない不安・欲望そして不確かさの波にもまれながら。私の見たところでは、一般にお母さん方は自分の体験がどのくらいみんなに共通のものなのかを知りません。またそのために、どこから語りはじめればいいのか分からずにいるようです。母親となった人は、他の人も似たような激しい心の揺れを経験しているのかどうか知りたくて、たまたま他のお母さんと出会うと、ともに過ごす時間のほとんどを、お互い比べ合ったり自分の気持ちを何とか言葉にしようとしたりして過ごします。

この本の主なねらいの一つは、あなたがこれから遭遇するであろう劇的な内的変化に向けた、心の準備のお手伝いをすることです。母親になることで必ずといっていいほど生じてくる精神面の課題や責任を少しでも理解しておくと、実生活の中でそれが実際に起こってきたときに、それほど途方に暮れたり自信を失ったりしないですみます。母親としての内的な経験は普遍的なもののようです。私自身の研究でも多くの文化・年齢・社会階層を超えて、経験の共通性が見られました。

ここであなたは、どうして男である私が、母親の内的世界について書けるのかと問われるかもしれません。当然私は男ですので、子育て前後に女性の人生に訪れる変化を、個人的に経験することはできません。しかしだからといって、ほぼ四〇年もの間、母親を観察し面接し続けてきた臨床家としての経験をふまえて、はっきりしたことが何も言えないということにはならないでしょう。

この題材について書くにあたり、私は自身母親でもあり専門家でもある女性二人の協力を仰ぎました。妻のナディア・ブラッシュワイラー - スターン（小児科医であり児童精神科医）と、長年育児に関心を寄せてきたジャーナリストであるアリソン・フリーランドです。

私と妻は、妊娠しこれから母性の世界に入ろうとしている女性の治療に長らくたずさわり、また親子関係に困難を抱えるお母さんたちと密に関わってきました。妻ナディアは小児科で、健康な赤ちゃんたちとともに重い病を抱えた子どもたちや障害を負った子どもたちを対象とした医療にたずさわってきました。私はこれまで何百というお母さんを対象に面接と観察をおこなってきましたが、そのお母さん方には、赤ちゃんの最早期の視力や聴力、記憶力やある状況に対して情緒的反応を返す能力などについてのさまざまな研究のほか、特に授乳や遊びといった日常活動の中で母子がどのように関わり合っているかを扱った研究の被検者になっていただきました。

女性はいつから母親となるのか？

お母さん方がどこでも同じ独特の心理的傾向を共有していることに気づいた私は、女性に対して「あなたはどの時点で本当に母親になったと感じましたか？」と問うようになりました。「子どもを産んだときですよ、当然でしょ」という答えを予想していたのです。

けれども実際にはたいていのお母さんが、何か月かにわたって少しずつ確信を深めながら「母親になっていく」ことが、彼女らの答えで分かりました。母親の新しいアイデンティティは妊娠中のある時期に生じ、赤ちゃんが生まれてからより明確になり、さらにその後何か月か自宅で赤ちゃんの世話をするうちに十分に現れてきて、母親としての自覚が生まれてくるようです。こうした気づきに至る諸段階はそれぞれに根拠のあるものですが、段階をふむごとに母親のアイデンティティには何かが付け加わっていくのです。

このように、母性が生まれてくる過程は段階を追って進みます。新しいアイデンティティはまず変化に向けた心の準備を求め、次に自分の中に新しい面を生み出すために相当の努力を求め、最後にはその変化を自分の他の面に統合させる努力を求めます。具体的には赤ちゃんによって日々の習慣をこなごなに打ち砕かれ、夜は寝かせてもらえず、全注意を要求される中で、新しいアイデンティティは生まれるのです。それでも人生を振り返ったとき、母親となれたことは、あなたの成し遂げた最大の達成の一つと思えるでしょう。

母親となるための三つの段階

私はこの本を三部構成としましたが、それは母親になる三つの段階に対応しています。

第I部の「母親になるまで」は、九か月の妊娠期間から始まります。この間に女性は母親となるにふさわしい状態を自分の中に整えるための心の仕事のほとんどをおこないます。彼女の体が胎児を形づくっている間に、彼女の精神は活発に新しいアイデンティティへの道を準備するのです。

あなたも私が思っていたのと同じように、赤ちゃんの実際の誕生が、自分を母親にするのだと思っているかもしれません。けれども反対に、出産という実際の経験は準備期の一部でしかないようです。それによって身体的には母親となるかもしれませんが、精神的には違うのです。第1章で私は、妊娠を準備と実験の場として語っています。この九か月の間に女性は想像をいっぱいにふくらませて、自分の赤ちゃんはどんな人間になるだろうか、自分はどんな母親になるだろうか、夫はどんな父親になるだろうかと、期待したり夢みたり怖れたり空想したりするのです。それは未知のことがらですから、女性はあらゆる考えを自由に自分の心の舞台に反映させて、赤ちゃんが来てからの生活を想像することができます。これは母親になるために欠かせない準備です。

第2章は、母親の心の中に母性を誕生させるために、物理的な出産が果たす役割についてです。第3章は出産後の空想《ファンタジー》についてで、それが現実の赤ちゃんに焦点を合わせ、予言されたがゆえに実現してしまう「自己実現的な予言」となる様子をお話しします。この三つの章はいずれも準備期を描いています。

第Ⅱ部「母親が生まれる」では、赤ちゃんの誕生後の何か月かについてお話しします。お母さんが自宅に帰り、生まれたばかりの赤ちゃんの授乳や養育やお世話にたずさわって、初めて彼女の母性ははっきり形を取りはじめます。第4章では赤ちゃんの命を守るという母親としての最初の課題について触れ、この最も基本的な責任によって生じる怖れや疑問を取り上げます。

第5章では、あなたが新米の母親として直面する第二のハードル、つまり自分の赤ちゃんと親密な関係を築くことの難しさについて述べます。人間関係にまつわるあなたの個人史や、親密な人間関係というものをあなたが経験する仕方がそこで実演されてきます。根源的な問いがあなたの脳裏をかすめるでしょう。私はこの子を愛していけるだろうか？　この子は私を愛してくれるだろうか？　私たちの関係はよいものだと言えるようになるだろうか？　赤ちゃんのシグナルを読み取り、その求めにどう反応してよいか分かるだろうか？　この小さな存在を、どう愛していけばいいだろうか、と。

第6章は、母性の第三の基本的段階を取り上げます。それは認められたい思いや、他の母親たちからの励ましを求める思いが生じるときです。そこには自らの母との関係に向き合い、わが子との関係を築くにあたって、そのうちのどれを踏襲し、あるいは拒むのかを決断することも含まれるかもしれません。あなたはこう自問しているのに気づくでしょう。「私は自分の母親のようになるのだろうか、そしてそれは何を意味するのだろう?」と。

第7章では、ある母親が、こうした母性の基本的課題と格闘しながらどう新しいアイデンティティを築いていったのか、個人的な経験を語ってくれます。母ゲイルとその息子ニコライの物語は、母親となるための最初の挑戦を乗り越えるのに、あなた自身の生いたちがいかに影響するかを描き出します。

第8章は私が以前書いた『もし、赤ちゃんが日記を書いたら *The Diary of a Baby*』〔ダニエル・N・スターン著、亀井よし子訳、草思社（以下〔 〕は訳注）〕という本を発展させた内容です。この本には、乳児は何を知っているのか、またそれを最初にいつ知るのかについての、何年にもわたる臨床研究が活かされています。この日記で私は、お母さんからの愛情・授乳・光・動き・遊びなどといった赤ちゃんの世界のさまざまな体験を、赤ちゃん自身の視点から描き出そうと試みました。この章では、赤ちゃんの視点から見るとある一つの出来事は毎秒毎秒どのように展開していくのか、同時に母親の体験と赤ちゃんの体験はどのように相互作用するのかを語ります。

赤ちゃんを養い世話することを初めて経験し、そこをくぐり抜けたら、あなたは新しい母親アイデンティティをうまく生み出したことになります。しかしあなたが赤ちゃんの世話をしている何か月間かは、このアイデンティティは外の世界から、ある程度保護されています。第Ⅲ部「母親の適応」は、あなたの新しいアイデンティティの、人生の残りの部分への統合を描きます。

第9章では、未熟児や障害をもつ赤ちゃんの母親が直面する挑戦を考えます。こうした女性たちは母性を育むことだけでなく、それを人生の他の面へ統合することにおいても、特有の困難を抱えています。彼女たちが直面する状況は他の母親たちと変わらないのですが、それはより激しく、より長引くのです。

第10章は、出産後仕事を再開するかどうか、するならいつ再開するかという避けがたい問題を取り上げます。母親アイデンティティは働く女性としてのアイデンティティと、どのようにかみ合うのでしょうか?

最後の第11章は、父親が主役です。母性の領域が存在するのと同じように、父性の領域というものも存在します。この領域で特に重要なのは、比較的最近になって現れてきた平等主義的な家庭の営み方です。そこでは新しく生まれた赤ちゃんに関する課題と責任を、双方の親が平等に分かち合うことが期待されています。この章では、男性が夫から父親へと進化を遂げるために必要な適応を描きます。

この本に至るまでの道のり

この本を書くに至ったのは、長い研究生活を経て、専門家向けに何冊かの本を書いてからでした。一九七七年に私は『初めての関係性——乳児と母親 *The First Relationship: Infant and Mother*』という本を書きましたが、その本は私が「音符」と呼んだかすかな行動についてのものでした。それが母子関係のシンフォニーをつくり上げるのです。この本で私は、遊びや寝かしつけや授乳の最中に母親と赤ちゃんの間にくり広げられる、複雑な母子間のやりとりを、何とか描き出そうと努めました。

私がその本のための研究をしていたのは、ちょうどビデオカメラが手頃な観察道具となった時代でした。そのため私は、お母さんと子どもを映したビデオテープを、スローモーションにしたり早送りにしたり静止したりしながら、何度もくり返し観ることができました。ちょうど、母子間でくり広げられている最もかすかな相互作用を突如観察可能にしてくれる、顕微鏡を手に入れたかのようでした。

この仕事を通し、赤ちゃんが人生最初の数か月においてさえいかにものを知っており、いかに社交能力をもっているかが、私たち専門家仲間みんなに非常によく認識されるようになりました。同じくらい印象的なのは母親たちのとる複雑な直観的行為でしたが、その大半は彼女らが考えることなしにしていたことでした。この本は乳児観察をおこなっている他の研究者だけでなくお母さん方に向けても書いたつもりでしたが、読者となったのは主に専門家たちでした。

乳児が自分の母親とやりとりする能力の全体像が描けるようになり、またそのやりとりをさらに続けるため母親が直観的にすることも分かってきたので、次に私は両親と共有している世界を赤ちゃんがどう見ているのか、想像してみることにしました。こうして集められた新たな知見は、臨床的な理論と実践について、部分的にせよ発想の転換を迫るものでした。それが第二の著作『乳児の対人世界 *The Interpersonal World of the Infant*』〔小此木啓吾、丸田俊彦監訳、神庭靖子、神庭重信訳、岩崎学術出版社〕に結実し、一九八五年に出版されましたが、これもまた臨床家向けでした。

私の次の課題は、赤ちゃんの経験している内的世界にさらに焦点を合わせることでした。もちろん赤ちゃんは、自分の考えを話すことはできません。それでも私は赤ちゃんについて知りうる膨大な情報を検討することによって、彼らが生きている世界を描き出そうとしました。ここ数十年で出生直後の数年についての研究が盛んにおこなわれ、膨大な理解が得られています。赤ちゃんが何を見、聞き、感じ、そしておそらくは考えているのか、そして実際学習しておこなえるのはどんなことなのか。今では私たちは人生最初の一年について、その後のどの一年よりもよく知っていると言われています。

この広い知識の基盤にもとづいて、私は想像上の赤ちゃんであるジョーイをつくり上げ、彼の生活における日常的な出来事について彼が考え、感じ、知覚していそうなことを描き出しました。しっかりとした科学的情報をもとに想像による飛躍をはかって、私は『もし、赤ちゃんが日記を書いたら』を、主に親御さんたちに向けて書きました。自分たちの赤ちゃんの世界を垣間見てもらおうとしたのです。

臨床経験が増すにつれ、私はお母さん方やその生いたちに、自然と興味を抱きはじめました。母親たちの個人的な願いや怖れや空想が、いかに生まれたばかりの赤ちゃんとの関係に影響を与えるかに、私は最も衝撃を受けました。生まれ育った家庭で経験したことが、今度は彼女自身の子どもに対する振る舞いを形づくる上で、決定的な役割を果たしていることが明らかになってきたのです。こうした観察が著書『親－乳幼児心理療法――母性のコンステレーション *The Motherhood Constellation: A Unified View of Parent-Infant Psychotherapies*』〔馬場禮子、青木紀久代訳、岩崎学術出版社〕につながりましたが、これもまた臨床家向けでした。

私を母親の内面へのさらなる探求に導いたのは、この最後の著作での仕事でした。赤ちゃんの内面は観察したことから推し量らねばならないけれど、お母さん方は自分の内的経験について語ってくれますから、この課題は赤ちゃんの内面を探求するよりずっと容易でした。

同僚と私がお母さん方の話に耳を傾ければ傾けるほど、授乳であれ遊びであれお世話であれ、母親の内的世界こそが子どもとの相互作用を導くものだという確信が深まりました。母子関係、それとともに子どもの将来の発達も、母親の内面で起こっていることによって大部分決定され、またそれは彼女の生いたちに源をもつことが分かってきたのです。

この本は、いわば旅の終わりです。私は母親と赤ちゃんの相互作用の探求から始まって、赤ちゃんの暮らす世界をより全体的に把握しようとし、いまや母親の内面により深く分け入ろうとしています。この本は母となった人の心の世界を描いており、赤ちゃんの内面を描いた『もし、赤ちゃんが日記を書いたら』の姉妹本にあたります。この二冊はあいまって、同じ出来事へと収斂する二つの心の世界の全体像を描き出すのです。

これまで数年にわたり妻ナディアと私が研究を進め、また私がこうしたテーマを世界中で講演して回っている間に、同じ反応を何度も聞かされました。「スターン博士、博士が母性について主張されていることは、うかがってみるとなるほどその通りだと思います。でもそれは、うちの祖母が言ってもおかしくなかったようなことですよ」と。

確かにお祖母《ばあ》さんが言ってもおかしくなかったようなことかもしれません。しかし私が主張したいのは、お祖母さんはそれを実際には言わなかった、という点なのです。あなたの産科主治医もお姉さんも、お母さんだって言わなかったのです。母性は自明のことかもしれませんが、私たちの社会ではほとんど話題にされてこなかったのです。

もう一つお母さん方からよく寄せられる反応はこういうものです。「私の経験を的確に表現してもらえました。でも私はそれを聞くまで、それが何なのか分かっていませんでした。これまで決して言葉にできなかったのです」。

そしてまた別の反応が、精神保健の専門分野で働き、私と同様母親というものは特に固有の存在ではない、と信じるよう訓練されてきた女性たちから寄せられます。こうした専門家たちは、私がこの本を書く動機になったのと同じ、矛盾した情報にさらされています。彼女らはよくこう言います。「女性としてまた母親として、あなたがおっしゃることは本当だと分かります。でもそれは臨床の仕事で私が依って立つものとは矛盾するんです。どうしたらいいとおっしゃるんですか？ 直観的に信じられることに従うか、理論的に教えられたことにこだわるべきなのか？ 今の時点ではこの話を聞いて、あなたに対して感謝するべきなのか、呪うべきなのか分かりません」。

この本が、親と子の精神保健をめぐる現在の治療実践を少しでも変えていってくれるよう、私たちも心から祈っています。

ですから私たちの課題は、母性というものがどういうものであるかを提示して、この内なる領域に光を投げかけ描き出し、ふさわしい言葉を与えて明るみに出すことです。そうすることによって私は、お母さん方が自分の経験を確かめ、直観的にはすでに感づいていることに言葉を与えるお手伝いがしたいのです。さらにこの本は、自分の心の世界が劇的に変化する事態に母親たちが直面して、こんな経験をしたのは自分だけなのか分からずに感じる寂しさと孤独を、少しはまぎらせてくれるでしょう。

この本のもう一つのねらいは、お母さん方に母親としての技能を発揮してもらうお手伝いをすることです。それは明らかに正式な教育によって身につく技能ではなく、経験し見習うことで身につくものです。真の技能の伝達は、他のお母さんと公園を散歩したり同じ列に並び合わせたり、自分の母親や祖母がどうしていたかを思い出したりする間に起こります。

たくさんの母親の声から書き起こされたために、この本はある種、母親見習いの手引き書のようになっています。そういう経験を生きるとはどんな感じなのか、赤ちゃんを授かると人生にどんな変化が起こるのかを明らかにしています。

またこの本は、予防の本でもあります。赤ちゃんとの普段の生活は、寝かしつけ（あるいは寝かしつけようとし）、授乳し、おむつを換え、一緒に遊び、ものごとの加減を教え、制限を設け、この世界について教える中で何度もくり返し生じる相互交流から成り立っています。赤ちゃんをめぐってくり返す何千という課題のほとんどはスムーズにはゆかず、予測もつきません。実際こうしたやりとりでの格闘こそが、最初の数年で母親のやる仕事の中身です。また親子の間に問題が起こってきやすいのも、まさにこうした課題をめぐってなのです。

母親の抱く希望、怖れ、空想《ファンタジー》が、またそれとともに母親自身の幼少期の記憶が実演されはじめ、赤ちゃんの発達に実際に影響をふるうのも、こうした育児の課題を通してです。自分の心の状態がどう赤ちゃんに影響するのかを知っておくと、新米のお母さんはいつ自分が問題に直面しているのか分かるばかりでなく、自分のおかれた状況にふさわしい解決を見つけやすくなります。

つまりは母性というものがどう発達していくのか知ることによって、これから入っていく世界についての謎が少し解け、より自信が深まって、あなたの心に生まれた新しいアイデンティティから、より深い喜びを引き出せるようになるのです。

第Ⅰ部　母親になるまで

第1章 妊娠——新しい「私」になるために

子どもの性同一性［自分は男だ、あるいは女だという認識］は二歳半ごろまでに確立されることが、くわしく報告されています。すでにごく幼い少女の頃から、自分が将来どんなお母さんになるかについての考えや断片的な空想が形をなしはじめるのです。母親になるとはどういうことかについての漠然とした考えは、その後の子ども時代にさらに細かいものになり、思春期にはもっと詳細なものになっていきます。そうした考えは、あなたが恋に落ちパートナーを選んだときに、まったく新たな意味をもつことになります。このプロセスは自分が妊娠していると気づき、本気で母親になる準備を始めたときに、さらに加速します。

妊娠期間中、あなたの体の中で身体的物理的に胎児が形づくられている間に、あなたの心の中では自分がどんな母親になりそうか、考えを固める作業をしています。同時にあなたは、赤ちゃんがどんな赤ちゃんになりそうか思い描きはじめます。言うなれば、そこでは三つの妊娠が同時並行で進んでいるわけです。あなたの胎内で育っている身体的物理的な胎児と、あなたの心の中で育っている母性と、あなたの頭の中で形をなしはじめている想像上の赤ちゃんと。

この時点で、あなたはまず間違いなく、いくつかの率直な問いにまつわる願望や怖れや空想で、頭をいっぱいにしているでしょう。それはこんな問いです。この赤ちゃんは誰なのだろう？　私はどんなお母さんになるだろう？　私が自分について抱いてきた認識や、私の送ってきた生活はどう変わるだろう？　夫婦関係はどうなるだろう？　仕事は？　家族や友だちとの関係は？　など。中でも最もしつこくつきまとうのは、お産は大丈夫だろうか、子どもは元気に生まれてくるだろうか、という問いです。こういう問いに取り組みながらあなたは、母親になっていくでしょう。

こうした問題を妊娠中に系統だって考える人はまれで、むしろ妊娠期間中にときおり考える程度かもしれません。ゆっくり段階を踏んで考えがまとまってくるという人もいるでしょう。また逆に、ものの見方が変わる劇的な瞬間を体験する人もいます。こういう問題は潜在意識の中で取り組まれることが多く、白昼夢や夢や悪夢、そしてまだまとまらない気持ちの中に現れたり消えたりします。あなたの想像力は、自分が送ることになるかもしれない生活の形を描き出そうと全力で働きます。もっともこの時点では、まだほとんど分からないことなのですが。

あなたは想像したシナリオを、想像上の配役たち――想像上の赤ちゃん、想像上の「母としての自分」、想像上の「未来の父親」、想像上の祖父母――とともに演じてゆきます。このそれぞれの配役は何度も創造され、取り消されてはまた違う出発点から組み合わされます。妊娠中の心は進行中の発明のように、将来像が組み立てられてはくり返し練り直される作業場のようなものなのです。

　この想像のプロセスについてうまく説明するには、看護師と生まれたばかりの赤ちゃんたちの話をするのが一番です。児童精神科医のステファン・ベネット氏は、病院の新生児部門の看護師たちが日々の業務にとりかかる際、密かに聞き耳を立てていました。彼があまりにも長時間そばにいるので、看護師たちはしまいには彼がいないかのように話しはじめたといいます。こうして明らかになったのは、赤ちゃんのそばにいると、人は誰でもいろいろな性格特徴をその子に投影するということでした。大人は自分の生活経験から得られた性格特徴のレパートリーを瞬時に探って、その子に当てはまるものを選び出すのです。

　どの看護師もこういうパターン通りに行動しました。たとえばある小さな女の子を「お姫様」と呼んだりです。この赤ちゃんはいつも小さくこぎれいで繊細な姿をし、扱いやすい気質をもっていました。看護師はまた別の子を「キラー（女たらし）」と呼んでいました。この子はいつも活発で利発な男の子で、周りがつりこまれてしまうような笑顔をもち、将来はきっとその魅力とルックスで女性を参らせてしまうだろうと思えるような子でした。その小さな新生児室にはきっと「やんちゃ坊主」とか「妃殿下」とか、「教授」と呼ばれる子たちもいたでしょう。

　看護師たちはこういう性格タイプの当てはめを、あっという間におこなっていました。結局のところ赤ちゃんたちは、数日間しか新生児室にいないのです。性格のふりわけは看護師によっておこなわれ、またそれぞれの赤ちゃんの身体や気質の特徴によって決まっていました。もちろん看護師によって、付けるあだ名のレパートリーは少しずつ違っています。しかしながら文化的に好まれるあだ名というのがいくつかあって、そのためそこにはいつでも「お姫様」とか「キラー」がいました。といっても新生児室の赤ちゃんが数日ごとに入れ替わるたびに、こうした称号は新入りの子たちへと受け継がれていたわけですが。

同じようにこれから母親となるあなたも、赤ちゃんの誕生前も誕生後も、赤ちゃんについていろいろ推測をするでしょう。こうした推測はあなたの希望や怖れや過去の生いたちに導かれて生まれ、あなたが何を優先し価値あるものと考えるかを白日の下にさらします。自分の子が大きくなってどんな人間になるかということについて抱かれる空想は、あなたが何を大切なことと考えているかを赤裸々に表すのです。母親はみなそれぞれ自分の夢の赤ちゃんを思い描くと同様に、自分が怖れる赤ちゃんのイメージもまた思い描きます。赤ちゃんが一歳になったら、女生徒になったら、大人になったらと想像を広げます。そしてその中で、滑稽なくらい矛盾し合った複数の特性のつぎはぎをこしらえることもしばしばです。あるお母さんは、じっと考えているうちにわが子がアルバート・アインシュタインとメル・ギブソンというあり得ない組み合わせのように思えてきたと話してくれました。無理もありません。彼女は自分にとって重要だと思われる特性を探っているのであり、賢いと同時にセクシーな息子がほしいと言っているのです。

「自分は決して想像上の赤ちゃんをつくり上げたりしていない」と主張するお母さんもいます。しかし名前を選ぶという行為一つにも、何らかの特徴をもつ子どもがほしいという願望が、図らずも露わになるものです。名前というものは家族や民族への忠誠を示すこともあるし、逆にそれに対する離反を示すこともあります。つまり名前はあなたがどんなタイプの人間をすばらしいと思い、赤ちゃんにどんな人になってほしいと心密かに願っているかを表してしまうのです。

心理学者や精神科医たちは、こうした想像上の赤ちゃんというものはまれで、もし存在するならそれは母親が問題をもっているからだと長らく信じてきました。しかし臨床経験が積み重ねられるうちに、こういう想像のプロセスはあらゆる母親の中で常に進行していることが分かってきました。このプロセスは、あなたが間もなく身をおくことになる状況に備えるために、役に立つ、創造的な方法であると思われます。単なるぼんやりしたもの思いではないのです。

これから母親となる人だけでなく私たちのほとんどは、日常生活の中で断続的に想像上の世界を創りだしています。こうした想像上の世界は心の舞台のようなもので、そこでは自分がおかれている状況に対してありうる別の結果や別の解決法を、生み出したり試したりできるのです。これは私たちが生きていくのに役立っています。あなたが母親としての役割や責任に自覚的になるにつれ、こうしたシナリオはさらにあなたや赤ちゃんが生きていくのに役立つようになるでしょう。あなたが思い描く想像上の赤ちゃんの物語は、あなたが母性の領域へ没入することと、分かちがたく絡み合っているのです。

すでに母親となった人やこれから母親となる人たちに面接をおこなってみると、こういう想像には一般的なパターンがいくつかあることが分かってきました。最もよく見られるパターンは、赤ちゃんの生育力に確信がもてるまでは（一般には一二週まで）、これから生まれる赤ちゃんについて特に考え過ぎないようにすることです。そのお母さんが以前胎児を亡くしていたり、何らかの理由で自分の妊娠が危険にさらされていると考えている場合などは特にそうです。（もしあなたに流産の経験がおありなら、悲しみの大部分は自分が思い描き願っていたものを失ったために生じることを、すでにご存じでしょう。）

二人の息子の母親で、流産して茫然自失に陥ったあるお母さんを知っていますが、それは、ついに女の子を授かったに違いないと信じ切っていたからでした。そのお母さんはその後さらに二人の子をもうけ、そのいずれもが男の子だったのですが、それから一生涯、自分が失ってしまった想像上の娘のことを思い焦がれ続けたのでした。失った胎児が実際に女の子だったのかどうか、本当は知るよしもないのですが。

一般に三か月を過ぎて医師が妊娠継続について青信号を出すやいなや、想像のプロセスは一気に加速します。このときになるとほとんどの妊婦さんは、赤ちゃんがますます個性的に示しだす性格や身体的特徴をたよりに自由な想像を楽しむようになります。しかし自分が妊娠したという事実に適応するのに、三か月以上かかる女性もいます。妊娠前期の終わりになっても彼女たちは、自分なりの想像に取りかかる気になれず、自分が妊娠したことを他人に告げまいとさえするのです。

ダイアナは（この本で後ほど登場する女性ですが）、妊娠を公表するのに五か月目近くまで待ちました。何をいつ考え感じるべきかについて期待を押しつけてくる他人から身を守りたいと、彼女は直観的に思ったのです。彼女は自分自身のペースで進みたいと考え、実際そのペースでやっていました。

エミリーは家庭用の妊娠検査薬が陽性になってすぐ、周囲に妊娠を伝えました。第二週目でした。世界中に早く知らせたくてたまらなかったのです。しかしエミリーの心配は、ダイアナのそれとは異なっていました。エミリーは生まれてくる赤ちゃんを絶対実家の一員にしたいと考え、どんな子になるか、母親としての生活がどんなふうになるかと、すぐにいろいろ想像しはじめました。ほとんどの女性は、自分の妊娠にワクワクする気持ちと喪失への怖れのバランスを取りながら、三か月目に妊娠を公表しています。

四か月目、現実の胎児との間で経験するあることによって、赤ちゃんについての想像はますます広がります。そのあることとは何でしょうか。まず第一に、近年は胎児の超音波検査がほとんど当たり前のようにおこなわれるようになりました。現実の胎児の視覚的イメージ――真珠の首飾りのように見える脊柱の曲線、心音、赤ちゃんの動いている様子――は息を呑むようです。赤ちゃんの誕生を待つ最近のカップルは、将来赤ちゃんの写真をもち歩くようになるのと同じように、よくお財布サイズの超音波写真をもち歩いています。

たとえ超音波を使わなくても、四か月くらいになれば赤ちゃんがお腹を蹴りはじめたのが分かるようになりますが、これは生まれてくる赤ちゃんの存在を示す、何よりの証拠になります。お母さんは子宮内での赤ちゃんの動きをいきいきと思い描き、その姿を徐々に充実していく想像上の赤ちゃんのプロフィールに書き加えます。あるお母さんはこんなふうに言うかもしれません。「この子は相当なきかん坊だわ。人生と折り合いをつけてやっていくなんて悠長なことは、できないタイプね」。あるいは「この娘《こ》は音楽を聴くといつも蹴ってくる。音楽的センスがあるに違いないわ」とか、「この子は私の気分の状態に合わせてお腹を蹴っているみたい。もう私に合わせてくれているようだわ」と。もちろん想像上の赤ちゃんは純粋に主観的なものですから、同じ蹴り方であっても、母親はそれに触発されて、こうしたどんな性格傾向も想像することがあり得ます。

四か月から七か月の頃は、これから母親となる人のほとんどが通常最も自由に想像を羽ばたかせる時期であり、この間ずっと心の中の赤ちゃんは、ますます念入りに描き出されていきます。七か月から八か月目までには、想像上の赤ちゃんはおそらく妊娠期間中で最もくわしく思い描かれているでしょう。

そうして八か月から九か月目には、とても興味深いことが起こります。想像上の赤ちゃんがさらにくわしく思い描かれるのではなく、ほとんど正反対といってよいことが起こるのです。近年の研究によるとこの時期母親たちは、くわしく思い描かれたこの想像上の赤ちゃんを、取り消しにかかることが分かっています。心に思い描いた像が薄れるにまかせ、ある意味で想像上の赤ちゃんの力をそぎ、かつ自分の目から隠すことまでしはじめるのです。

ではなぜ、このようなことが起こるのでしょうか。誕生の時点で現実の赤ちゃんと想像上の赤ちゃんは初めて出会いますが、お母さんはその二者にあまりにも大きな隔たりがあると耐えられません。彼女は現実の赤ちゃんと自分自身を、自分が心の中でつくり上げた期待――たとえば性別・大きさ・容姿・血色あるいは気質といったこと――との、あまりにも大きな落差から守らねばなりません。彼女は余計なものを整理して、自分と現実の赤ちゃんとが過度な期待に邪魔されずに共同作業できるように、戦闘準備を整えねばならないのです。

けれども想像上の赤ちゃんは、完全には消えません。通常ある種の土壇場の調整が、現実の出産直前におこなわれます。おそらく妊娠前期と中期には、想像上の赤ちゃんの性質（特に肯定的な性質）を、それが男の子だと思うなら夫や父をもとに、女の子だと思うなら自分の母親をもとにつくり上げていたはずです。しかし出産予定日が近づくにつれ、あなたは他の人というより自分が一番わが子の性格や人生に貢献していると見なすようになります。出産が近づくにつれあなたは、赤ちゃんを私自身のものだとより強く主張するようになるのです。

ある妊婦マーガレットは妊娠五か月の頃、生まれてくる赤ちゃんが自分の母親の力強い性格と夫の社交性を併せもっているだろうと思い描いていました。三か月後、赤ちゃんについていろいろと考えをめぐらせていたとき、彼女はやっぱり赤ちゃんには力強い性格ももってほしいけれど、それより自分のように、より柔軟で適応的になってほしいと思い直しました。また人づきあいが上手なのもいいけれど、本当は自分のように控えめで独りを好む子になってほしいとも思いました。

ですから出産が近づくにつれ、あなたは赤ちゃんの中に自分の領分をより広く求めようとする自分に気づくでしょう。これは赤ちゃんが生まれてきたときに、あなた自身が赤ちゃんとの原初的な関係を確立するために必要なステップかもしれません。他のみんなを舞台そでに移すことで、あなたと現実の赤ちゃんとが舞台中央に押し出されます。この新しいドラマの一幕目の主要人物として、あなたと赤ちゃんとが注意の焦点にくる必要があるのです。赤ちゃんを他の誰でもなく、自分のイメージに重ねたいという所有欲の衝動は、新たに母となる人たちの抱く激しい感情です。事実この時期の妊婦さんの中には、たとえ夫であっても、想像の中にある自分たちだけの排他的な関係の輪の中には入れたくないと思う人もいるのです。

さて、ある女性が妊娠七か月か八か月で早産するとしましょう。このお母さんは想像上の赤ちゃんを白紙に戻す十分な時間がもてないことになります。とすると彼女と赤ちゃんは、二重の意味で苦しみます。現実の赤ちゃんが正常に期待される発達より未熟に生まれてくるというだけでなく、母親がそうした赤ちゃんを、しばしば非現実的に理想化され、まだ生々しく心に残っている想像上の赤ちゃんと比べてしまうということが生じるのです。この女性の母性はこの時点ではまだ幼く、心理的にもろい状態です。

いわゆる未熟児のお母さんは、他の諸理由からも特に傷つきやすいといえます。彼女はたとえ状況が完全に自分のコントロールを超えたものであったとしても、しばしば自分のことを、お産をやりとげられなかった不完全な人間であるかのように感じます。さらに彼女は赤ちゃんから物理的に引き離され、赤ちゃんを集中治療室に入れられて、隣にいもしない赤ちゃんに、愛着の感じようもない状態に取り残されます。そして他人が赤ちゃんの世話をするのを見ていなくてはなりません。それはたいていの場合、彼女がどうやってもかなわないような専門性をもつ病院のスタッフなのです。彼女はなじみようのない奇妙な環境におかれ、ホルモンのアンバランスにも悩まされるかもしれません。さらに決定的なこととして、想像上の赤ちゃんへの彼女の期待が最高に高まっているいっぽうで、未熟児として生まれた現実の赤ちゃんのおかれた現実は、それとは程遠いところにあるのです。

彼女が傷つきやすくなっているのには、もう一つ別の理由があります。予定日前の最後の数か月には、分娩に対する恐怖感と赤ちゃんの安否への心配がほとんどの女性の意識の大半を占めて、想像上の赤ちゃんのイメージがそれ以上ふくらまないように歯止めをかけているのです。正常でも起こる心配にもさまざまなものがあり、その多くはほとんどの妊婦が抱くものです。よく見られるのは、出生時すでに赤ちゃんが死んでいたり瀕死の状態になるのではないかとか、自分が痛みに耐えられないのではないかとか、産道が狭すぎて赤ちゃんが詰まり出てこられないのではないかといった心配です。母親によっては、赤ちゃんの首に臍帯が巻き付くこともあると聞き知って、誰も介助できる人がいないところで分娩することになってしまった自分を思い浮かべるかもしれません。逆子や奇形児、はては怪物を産むといった心配さえあります。妊娠後期の数か月には、多くの母親が子猫を産む夢やらせんを描いてくるくる回る赤ちゃんの夢など、生々しくぎょっとするような夢を報告します。こういった想像はどれも非常によく見られるものであり、自然なプロセスの一部と思われます。

ほとんどの妊娠では、こうした考えがあまりにも強烈だったり執拗だったりしない限り、しばらくそれに取り組んでいることが大切です。こういうシナリオを事前にじっくり考えておいたとしても、最悪の事態に備えて完璧に心の準備をすることは決してできないでしょうが、母性の領域で生じうるあらゆる不測の事態に対する、ある程度の心の準備にはなるでしょう。しかし未熟児のお母さんには、この段階をすっかり通り過ぎられるだけの時間がありません。

以下に示すのは、未熟児をもったあるお母さんが私に話してくれたことです。

…………………………………

初めて赤ちゃんを見たときはあまりにも奇妙で、どう感じていいか分かりませんでした。私はある部分では逃げ出したいような気分でした。またある部分では、自分の人生を外側から他人事のように傍観している感じでした。こんなに早く生まれてくるはずではなく、こんなに小さく生まれるはずでもありませんでした。ごたごたと立ち並ぶ医療機器の中にいる赤ちゃんはほとんど見つけられないほどで、ガラスケースの中に目を閉じて横たわり、その小さな胸は小鳥のように波打っていました。とても小さく、ほとんど青ざめていました。手足は体に出たり入ったりしている何本もの管《くだ》と同じくらい、か細く見えました。

私は赤ちゃんを抱き上げたかった。それを夢見て、どんな感じか夢想してきました。でも彼女はあまりにも壊れやすくて、そんなことをしたら彼女を傷つけてしまいそうでした。私は怖くなり、嫌悪感さえ抱きました……こんなふうに言うなんてひどいけれど、でも本当です。私の体はまだ混乱していて、何の準備もできていませんでした。本当なら私たちはまだ家にいて、八週後に生まれてくる赤ちゃんを待っているはずだったんです。

私は最後のひと月で、赤ちゃん部屋の準備を仕上げ――頭の中では完璧に計画が立っていました――服をそろえるつもりでした。でも彼女が着られるくらい十分小さな服さえまるでなく、私の祖母からもらったかわいいお洋服ですら大きすぎました。兄が授かったばかりの赤ちゃんのように、桃色でまるっこくて丈夫でおまけに可愛い赤ちゃんを、自分は期待していたのだと思います。ジーナ（この子のために私がいつも使っていた名前です）はたくましくて堂々としているはずでした。しかし、その奇妙な場所では、私はどこに立っていたらいいのか、何をしたらいいのか、看護師さんたちに何を求められているのか分かりませんでした。看護師さんはジーナといて私より心地よさそうでした。それなのに、私がジーナの母親だったのです。

何の準備もできていませんでした。部屋も、ジーナも、そしてもちろん私自身も。

このお母さんは、彼女の現実の赤ちゃんと想像上の赤ちゃんとの間で、はさみ撃ちになってしまいました。母性の領域に入っていくための準備作業が、短く切り詰められてしまったのです。通常なら、現実の赤ちゃんと出会うための準備を八か月目や九か月目にすることができるはずなのに。

愛着

母性に関しての研究領域で非常に大きな規模でおこなわれているのは、母子間で発達する愛着についての研究です。あなたが自分の子どもと、どのように深い絆を築いてゆくかというのは非常に大切なことで、あなた自身の生いたちと経験に大きく依存しています。母親はそれぞれ独自のやり方で自分の子どもに愛着するものですが、ほとんどの女性はだいたい次の三パターンのいずれかに従い、そしてそれは母性の多くの側面と同様に、ほとんど無意識に起こってきます。

当然のことながら愛着の生じてくるプロセスは、妊娠中、女性がまだ生まれ来ぬ子について考えたり想像したりすることから始まります。ここで一般によく見られる三つの愛着パターンについて見てゆき、三人の女性が妊娠中に抱いた考えに耳を傾けてみましょう。彼女たちが赤ちゃんについてどのように想像したかが、おのおのの結婚生活や生活スタイル、そして彼女ら自身の魂に影響を及ぼしてゆきます。

最初のパターンは、母性の経験と折り合いをつけるために、それと距離をとるタイプです。何よりもまず、彼女たちは通常予想されるほどには自分の妊娠に心を奪われていないように見えますが、実は心の中ではそうではありません。自分の生まれ育った家庭について考えるとき、彼女らはそれとはかなりの距離をとり、どのように世話をしてもらったかを含め、自らの生いたちに否定的です。両親と過ごした自分の生いたちは、いま生じていることと特に関わりはないかのように振る舞います。母親となるまでのプロセスに、気持ちの上でひどく巻き込まれている場合もそうでない場合もあるでしょうが、とにかくその問題には決して真正面から向き合わないように避け、それについて人と話し合おうともしないでしょう。

　こうしたパターンは臨床家に「拒絶型愛着パターン dismissing attachment pattern」と呼ばれています。こういう女性たちは、自分の家族関係全体をよく見通すことができますが、それは安全な距離をとるからなのです。ダイアナがこのパターンの典型例です。ダイアナは、妊娠を周囲に告げるのに五か月間待ったという前述の女性で、おそらく赤ちゃんができたと公表するまで、自分でもそのことを完全には信じていなかっただろうと思われる人でした。

　これとはまったく違う愛着パターンをとる女性たちもいます。それは、母性の経験に気持ちの上で巻き込まれすぎて、その過程全体を見通すための距離が一切とれなくなる人たちです。彼女らは「巻き込まれ型愛着パターン enmeshed attachment pattern」に従います。ですから自分の母親のことについて始終考え、妊娠中も出産後も非常に近い関係を保っています。彼女らは自分の母親に巻き込まれるような関係をもち続け、それと同じくらい生まれてくる赤ちゃんを巻き込むような関係を、ほぼ間違いなくもつようになります。一般にこの巻き込まれ型愛着パターンに従う女性たちは、深く考えることのないまま親しい関係の中に身を投じがちです。妊娠するとすぐに家族に報告したエミリーは、このよい例でしょう。

　第三のタイプの母親は、この中間にあたります。子どもとの関係に進んで没頭すると同時に、現在の自分の母親とも関係を結びますが、ただしよく考え抜いた上でそうするような人です。幼い少女だった頃に母親と経験したことは彼女の中にたくさんの考えや感情を呼び起こしますが、彼女は自分の「母親としての経験」と「娘としての経験」の両方について、十分な距離をとった上でじっくり考えてみることができます。自分の人生を中庸の距離から眺めることのできるこうした女性たちは、「自律型愛着パターン autonomous attachment pattern」を示すといってよいでしょう。マーガレットはこのタイプの例です。

この三パターンのどれかに完全に当てはまる女性はいなくても、ほとんどの人はこの三パターンのどれかに当てはまります。これら三つはすべて正常であり、母親になることで必ず起こってくる心の乱れに適応しようとする、それぞれ異なった対処法なのです。

妊娠中に心の中で立てる計画、準備、試し、リハーサルが普遍的に見られるものであることを示すために、この三人のお母さんたちが妊娠六か月の頃にそれぞれ思い巡らしたことの断片を切り取ってお見せすることにしましょう。

こうした内省は、三人の女性が自分の変わりゆく世界についてどう考え、どう感じているかを垣間見せてくれます。おのおのがきわめて違った仕方で妊娠の経験に浸り、新しい妊婦という役割の中にいる自分自身について、違ったスタイルで考えたり語ったりしています。また、三人それぞれが自分の誕生日を祝ってもおり、それが自分の人生を自然に振り返る節目となっています。

ダイアナー―遠く距離を取った見方

リッジ・ストリートを走りながら、私は次にどうするか決めなければならなくなった。食料品店《グローサリー・ストア》に寄るか、このまままっすぐ家に帰るか。私にとっては典型的な葛藤で、それは仕事でのどんな決断よりもある意味で難しい。今日は私の誕生日で、カールは今ごろ家で特別なディナーを用意してくれているだろう。彼は私を驚かせてやろうなんて思わないから、私は夕食のことも、彼が何をつくっているかも知っている。そうだ、友だちを呼んでやろうなんて思わなきゃいいけど。今はお客さんをもてなすような気分じゃないし。

私が食料品店のことで頭を悩ませなくちゃならないのは、カールがきっとコーヒーとデザートを出してくれるだろうけれど、コーヒーに入れるクリームのハーフ・アンド・ハーフを忘れるに違いないから。私は妊娠してから、あらゆる人生の楽しみを断ってきた――コーヒーも、ワインも、キャンディも、ポテトチップスも。今夜は贅沢してコーヒーを楽しむつもりだけれど、クリームがなくてはおいしくないだろう。でももし私がクリームを買って帰ったら、カールは私に買い忘れたと思われたことに気づいて、むっとするだろう。とりあえず駐車場に入った。あのクリームはやっぱりほしい。

車を降りるともう一つ別の不快な瞬間が起こった。妊娠六か月の私は、もう大きくなってきたお腹を隠すことはできない。これまでいつも体型にはかなりの自信があったから、通りを歩くときは何度かちらちら確認するくせがついている。でも確認なんて今はどうでもいい。私のお腹はずっと大きくなり続けていて、体型が崩れるのをどうすることもできないから、実際少しイラついている。お肉がボコボコ出っ張った体型の崩れた女になったのも、正当な理由あってのことなのよ、と私は自分に言い聞かせる。でも、アヒルみたいに不格好な歩き方はいや。それだけはいや。

前の体型を取り戻せることなんてあるのかしら。三七歳の私はゾッとしながら考える。カールと私はずっと子どもをもたないと決めていたわけではないけれど、ただ決してそういうことにならないようにはしてきた。でも最近はもう引き返せないところまで来ている気がしていた。今でなければもう機会はない、と。

職場では今日、同僚たちが私の誕生日だということで軽く会釈してくれたけれど、受付のドナは実際にプレゼントまでくれた。私のデスク上にティッシュ・ペーパーの包みが置いてあって、中にはピンクのリボンがかかった小さな白い帽子が入っていた。なんて優しい人なんだろう。今は座席下の鞄の中にあると思うけど。ドナはきっと私よりもっと、赤ちゃんが生まれてくることにワクワクしているんじゃないかしら。

乳製品売り場に向かいながら、私は今日の母からの電話を思い出す。私の誕生日のためにお金を送ったと言っていた。だからって、私は驚いたりなんかしない。郵送されてきたお金は、赤ちゃんのために蓄えておかないと。母には赤ちゃんのために何を選んでいいのか見当もつかなかったから、私が代わりに選ばなくちゃいけない。きっと母は赤ちゃんが生まれてからやってくるに違いないけれど、あんまり期待していない。手助けしてくれる誰かをイメージするとしたら、私にはドナが浮かぶ。変なの。ドナのことなんてこれまでそう考えたことがなかったのに、赤ちゃんのことをよく理解している人だと急に思えてきた。きっと私は赤ちゃんを理解するための遺伝子をもたずに生まれてきたのね。今後もそういうことがすばらしく得意になるなんて、あんまり思えないわ。

でも、カールはすばらしい父親になるだろう。彼はとても気楽《イージー》なタイプだし。正直言って、彼にはあきらめて私のこと辛抱してもらわなければならない。自分が気楽なタイプじゃないことは分かってる。主治医の先生にすら「元気を出して」と励まされたし。私は羊水穿刺《せんし》を受けて、すべてうまくいくでしょうと言われた。でも、何でも検査で分かるというわけじゃないだろう。たとえばこの子が、いわゆる扱いやすい子《イージー・ベビー》になるか、それとも気難しい子になるかなんて誰も予測できない。でもきっと扱いやすい子に違いないわ、カールみたいに。彼は「僕は手のかからない夫だよ」なんて冗談を言うけれど、私の料理や掃除の能力から考えれば、それはいいこと。この子もきっと手のかからない子になるわ、それが自分の身のためだと分かったら。でも、こういうのって母親らしく聞こえないわね。

食料品店での用事を済ませて、クリームを手に、私は家へと向かった。私は三七歳で小太りで、コーヒーにはクリームを入れる。かわいそうなこの子。私みたいになったらどうしよう？　どうかそうなりませんように。それからぐっすり寝てくれる子でありますように。今の私には、出産や育児に関して正しい助言をもらうことが一番の関心事。ドナは、親になったばかりの人に寝ている暇はないと言っていた。そんなのでどうやって生きていけるのか分からない。私は疲れたらすごくがさつになる。この子がよいっぱりだったらどうしよう？

まあ、そのうち分かるでしょう。

ダイアナは、何か他のことを考えていても、つい生まれてくる赤ちゃんのことに立ち戻ってしまいます。自分の妊娠のことで頭がいっぱいなのに、そのことから非常に距離を取っており、あまりにも離れたスタンスから見ているので、ほとんど無感情であるかのようにすら聞こえます。また、自分の母親についてもそうです。ダイアナの言葉は実際よりずっと気丈に聞こえますが、現実には彼女はエミリーやマーガレットが取り組んでいるのとまったく同じ課題に取り組んでいるのであり、ただそれをより離れたスタンスでしているに過ぎないのです。

エミリー――至近距離からの見方

家族が私の誕生日にきっと何かするだろうとは思っていたけれど、総出で家に来るとは思わなかった。かわいそうなデビッド。母さんがいるときにはいつも自分の家の台所から放り出されちゃうんだから。食べ物のこととなると自分が仕切らないと気が済まないのよね。

最近は仕事から帰って、このゆったりした柔らかいトレーナーを着るのがとても好き。もうお腹もずいぶん目立ってきたから、私はときどきソファに静かに横になって、お腹を宙に突き出している。もう六か月。誰が見てもこれが赤ちゃんで、単に太っているんじゃないと分かってもらえる。ああやっと！

仕事中はあまりそのことは考えない。姉さんや母さんが電話してくるとき以外は。最近プライベートな電話がかかってくるのがあまりにも多すぎる気がするけど、まあね……。バーバラ姉さんは、自分が先に産んだからって何もかも私に教えてあげなくてはと思ってる。でも引っ越していっちゃったし、それに私たち夫婦は、私の両親の家のそばに住んで本当によかった。

デビッドの家のことはまた別の話。古い文化にあまりにも入れ込みすぎていて、自分たちがアメリカにいるんだということも分かってないんじゃないかと思うくらい。でも私、自分の両親がそばにいなかったらいったいどうしていたかしら。両親にはしょっちゅう会っているし、赤ちゃんが生まれるというので彼らはすごく喜んでいる。

私たちはしばらく子どもをつくらないだろうと、みんなに思われていた。私ですら三年は待とうと思っていた、そうすればデビッドの仕事もずいぶん軌道に乗るだろうから。でも今はもう私の給料をそんなに当てにしなくてもやっていける。私たちは、いわば偶然をよそおいつつ半分故意に妊娠したのだと思う。仕事もうまくいっているし、子どもをもつのにあまり年を食ってるのもいやだし。二五歳というのは遅過ぎない年齢。今日は赤ちゃん抜きの最後の誕生日だ。

今年の誕生日プレゼントはとってもおかしい。誕生日じゃなくて出産前祝いかと思うくらい。バーバラ姉さんはもちろん、完璧に実用的なものをくれた――搾乳器。そんなに使うとは思えない。痛そうだし。母さんと父さんは本当にすてきなものを贈ってくれた。デビッドと私は、親に頼りすぎているんじゃないかとときどき罪悪感がわく。私の誕生日に、母さんはベビーカーを買いに連れて行ってくれるという。

女の子ができるなんて本当にすてき。バーバラ姉さんの赤ちゃんは男の子だけど、姉さんはそんなに近くに住んでないから、みんな赤ちゃんにそうしょっちゅうは会いにいけない。母さんは孫娘がほしかったのだと思う。女の子の育て方をちゃんと承知しているし、とても助けになってくれるに違いない。この子にどんな名前をつけるかは、考えるまでもなく決まっている。女の子だと分かったとき、おばあちゃんの名を取ってキャリーだと思った。おばあちゃんの足、それに歌声も引き継いでくれているといいな。そうしたら母さんは喜ぶだろう。そういうところは、私たちみんな引き継げなかったから。

父さんとデビッドは、赤ちゃんの話を続ける私たちのそばを離れ、ポーチに避難して仕事の話をしている。こんなに夢中になるなんて、我ながら不思議なくらい。昼休みにはちっちゃな靴を買った。赤ちゃんの服くらいかわいいものはない。バカみたいだけど、赤ちゃんの洋服ダンスはもういっぱい。母さんは何か編みものをしているし。母さんは用意周到だから、たぶん私の入院に備えてもう冷凍の食材までつくってしまっているだろう。

今夜の夕食も、いつものように賑やかだった。めいめい皿を手に取り、母さんのラザニアを山盛りにとる。私の好物だから、私の誕生日にはみんなそれを食べることになっている。ただ一つだけ重苦しいものが、一晩じゅう胸の中にあった。妹が何かの折に、いとこのアンのことを話題にしたのだ。よせばいいのに。アンは、去年赤ちゃんを授かった。難産で、赤ちゃんは今も具合がよくない。脳性麻痺かもしれないと言われている。今はそんなこと、聞くのもいや。気が変になりそう。妹も私が妊娠している間は、何も言わなきゃいいのに。

やっとみんなが帰ると、デビッドと二人きりで話せた。彼は私が昼休みに買った小さな靴を見て、バカだなあと思ったらしい。彼には妊娠騒ぎに夢中になりすぎだと思われているだろうなと、ときどき感じる。彼の言うとおりかもしれないけれど、どうしてもそうなってしまうのだ。


エミリーは家族たち、特に母親とあまりにも距離が近いために、彼らとは分離した別の人間として自分自身を見ることがほとんどできません。いっぽう、先ほどのダイアナは、母親から安全な距離をとっています。次のマーガレットは、その中間でバランスを取っているようです。

マーガレット——中庸の見方

お気に入りのレストランのダイニングに入り、窓の外に見える港の灯りを目にするとすぐ、私はほっとくつろいだ気分になった。水辺に来るといつも心が落ち着くけれど、今回はジムに腹を立てるのはやめようという気になる。

特別な機会には、私たちはいつもこのレストランに来るけれど、今夜は私にとって特に大事な夜。きょう私は三〇歳になったのだ。悪いことにジムは職場にファイルを忘れて、私たちは予約時間に遅れてしまった。さらに悪いことに、彼は私の両親を招待しようとずいぶん長く待っていた。でも結局、両親は別の用件があって来られない。ジムはたぶん、二人が来なくて喜んでいるだろう。私は会いたいのに。もういいわ、楽しみたいから。

コートを脱いで私は、なぜ今夜が特別な夜なのかに気がついた。私はついに妊婦らしくなったのだ。六か月になり、ブラウスのひだは端正に私のまるいお腹を包んでいる。もう誰が見ても私の体がどんな状態にあるのか見てとれるようになった。男の人っておかしい。魅力的な女性が部屋に入ってくると、男の人たちは気がつく。見上げて、じっと見入って、それからパートナーのほうに向き直る。ほとんど純粋な反射だ。私はこのことをこれまで口にしたことはない、本当に証明できるようなことじゃないから。でも今夜コートを脱いだとき、私は違う視線を感じた。ほとんど見ようともしない男性もいた。でもまた別の男性たちは、私をじっと見て、純粋なほほえみを返してくれた。セクシーでも秘密めいたのでもなく、ただ分かっていますよと理解を伝えるようなほほえみだ。あの人たちもきっと父親なんだわ。

それに最近は、他の女性たちとこれまでとは違ったつながりをもつようになった。母親たちは、私をワクワクしたわけ知り顔で見る。この赤ちゃんと一緒にどんなことに出会っていくのかはまだ分からないけれど、何であれそれは、赤の他人と私を結びつけるほどドラマティックなものなのだろう。

「お二人様ですか？　もうすぐ三人様になられるようですが」とウェイターが言った。私の妊娠がはっきり見てとれるようになったので、みんな気兼ねなく話題にできると感じているに違いない。それほど誰にでも見てとれる状況なのだ。ジムは私を残してしばらく席を離れ、私は水辺の灯りにじっと目をこらす。ウェイターの言うとおり、じきに「三人様」になるだろう。ジムと二人きりで過ごす時間がなくなって寂しく思うだろうけれど、でもこの赤ちゃんが自然に愛しく思えてきて、そんなことは忘れてしまうのじゃないかしら。母親って、自分の子を自然と愛しく思うものでしょう？

自分が胎内の赤ちゃんに、もう愛着を抱いていることを感じる。仕事中、私は製図机の下の自分のお腹を撫でて、密やかな喜びを感じる。私はまずまずの母親になるんじゃないかしら。ジムもいいお父さんになってくれるだろう。夜起きて授乳を手伝ってもらえるよう、もう一度お願いしておこう。私一人でやっていこうとは思わないから。

ジムがテーブルに戻ってくるのが、窓に映って見える。何かちょっと特別なことをしてくれるのかもと思っていたけれど、そうでもないみたい。彼らしくもなく、少しよそよそしい感じすらしていた。でも彼は向かい側に座ると、私の両手をとってまっすぐに私を見つめたから、私はどんなよそよそしさがあったにせよ忘れる気になった。優しい人。ときどき彼のほうが私より感受性が豊かなのではないかと思う。私たちの赤ちゃんも、彼みたいに感受性豊かになるかしら。そうだといいな。でも、豊かすぎるのはいや。人生で傷ついてほしくないから。けれども赤ちゃんは、私の弟みたいに人の気持ちが全然分からない人になるかもしれない。いやだ、きっとジムみたいになるわ。

もし赤ちゃんが女の子なら、感受性豊かでもいい。でもきっと私の親族みたいに、頭もよくて何をやらせてもうまくやるようになると思う。もしジムの容姿と私の性格を受け継いだらどうかしら？　ハンサムな建築家になるかもしれない。それで職場のことや、職場で今日開いてもらった誕生パーティーのことを思い出した。なんという違い。去年は自分で自分の誕生日を祝うためのドーナツを買ってこなければいけなかった。今年はみんながケーキを用意してくれ、ベビーベッドに付けるモビールをくれた。「ハッピー・バースデイ」を歌って、それから私を二度と帰ってこないかのように見つめた。私は言った、「ちょっと、私は死ににいくわけじゃないわ、赤ちゃんができるのよ」。私は仲間うちで一番に妊娠して、みんなは私が変わるだろうと思っている。仕事に戻らないほど変わるなんて、私には思えないけれど。

でも、ある考えが私を悩ませている。私の母も、私を産むまでは働いていたけれど、復帰することはなかった。法律事務所でとてもいい仕事をもっていて、きっと相当なキャリアも積めたはずなのに、そのかわり私と家にとどまった。もちろん世代も違うし、お金にも困っていなかったのだけれど。そこで九年後に弟が生まれ、母は完全に家に居つくことになった。今でも分からない。初めは仕事に戻るつもりだったけれど、後から戻りたくない気になったのだろうか？

最近は母のことを違ったふうに見るようになっている。私を産んだときは今の私くらいの年齢だったから、母さんも私とちょうど同じように、緊張したり興奮したりしていたのだろうか？　想像できない、だって今はとても自信に満ちて見えるから。大きなお腹を抱えて結婚式にのぞむ母というのは想像がつかない。私が建築家になったことも母はずっと喜んでくれていたけれど、妊娠したことには本当に心底喜んでくれている。私が使っていた古い揺りかごを引っ張り出してきて、「これをきれいに整えてシーツを張ってもらえる所を知ってるのよ」と言っていたくらいだ。何だか私、仕事にも満足していたけれど、人生において本当にすべきだったことに今まさに着地しようとしている感じ――赤ちゃんを授かるということに。

あんまり真剣に母のことを考えていたので、母の姿が窓に映ってもほとんど変に思わなかった。でも、母も父も今夜はどこか別の場所にいるはず。向き直るとかすかな笑みを浮かべたジムが目に入り、それから母ばかりでなく、父も弟もダイニングを横切ってこっちへ歩いてくるのに気づいた。三人は「サプライズ！」と声を合わせて言い、ウェイターはみんなが同じテーブルにつけるように、空きテーブルを私たちの席に引き寄せてくれた。

だんだん分かってきたけれど、ジムは本当はファイルを忘れたり、私の両親への電話を忘れたりなんかしていなかったのだ。結局みんな彼が仕組んだこと。なぜ彼に腹を立てたりしたのかしら？　ウェイターがデザートをのせたカートを押してくると、それに続いてもう一人が大きなリボンを結んだベビーカーを押してきてくれた。両親が準備してくれたのだ。

宴も終わりにさしかかって、私はテーブルを見回した。父さんはジムにおもしろおかしい話をしている。母さんはベビーカーを引き寄せてあちこち点検しはじめる。弟は、私の後ろの席で食べている二人の女の子たちが一番気になっているみたい。これが私の家族、個性いっぱいの……。そしてジムと私は、これから私たち自身の新しい家族をもとうとしている。私たちの新しい小さな家族は、どんな個性をもった家族になるのかしら。

一年前に彼女の考えをのぞいたら、これとはまったく違っていたでしょう。おそらくはジムとの関係や、仕事でのもろもろの出来事で頭がいっぱいだったに違いありません。しかし、いまや妊娠が彼女の存在をまとめあげる新たな中心テーマとなっています。彼女は初めて自分の母親が自分の年齢ではどうであったか、また赤ちゃんを授かった後、彼女が結局職場復帰しなかったのはなぜなのかを考えはじめています。彼女は母親と自分と赤ちゃんについてまったく同時に考えており、みんなの性格特徴についても、それがどのように子どもに受け継がれ現れてくるかという点から分析しています。マーガレットは何かを感じとったり、またその感情を一歩退いたところから眺めてくわしく吟味しようとしたりしています。はっきり自覚してはいないものの、マーガレットはいまや、ひとたび子どもをもつと自分の人生がどんなふうになるかという点からすべての出来事を見るようになっています。

このように誕生日の心のうちをのぞいてみると、女性たちがいかに同じ問題に、しかしまったく異なるやり方で取り組んでいるかが分かります。それぞれが独自のスタイルをもち、そのスタイルによって問題をどう受け止めるかがほとんど決定づけられています。エミリーは、大きくなっていく自分のお腹をワクワクしながら眺め、いっぽうダイアナはすべてを覆い隠したいような気持ちでいます。マーガレットは、自分がどのくらい自身の母親のようになるかしらと考えるに任せているいっぽう、ダイアナはそのことをほとんど考えようとしていません。エミリーは、自分たちの赤ちゃんが夫からどんな性質を引き継ぐかもしれないか、考えてみたりはしていませんが、他方マーガレットは夫の性格のもついろいろな面を分かっていて、それを自分の想像上の赤ちゃんに「試着」させています。

またそれぞれの女性は、変化してゆく自分の体を意識するようになりました。好むと好まざるとにかかわらず、妊娠中の身体的変化は、母性へ向けた心の準備を大いに助けます。九か月の間、あなたはずっと変化し続ける身体という現実とともに生きるわけです。胸は大きくなり、重くなります。お腹はふくらみ重心は移動するので、これまでとは立ち居振る舞いが変わります。赤ちゃんの胎動とあなたの体の外見的変化が、これから生まれる赤ちゃんのことをいつも思い出させるようになります。体が赤ちゃんについて考えさせるように働くので、あなたはほぼ九か月にわたって、これから授かる赤ちゃんとの親密な関係の中で生活するのです。

私たち皆にとって自らのアイデンティティは、自分の体についての経験やイメージと深く結びついています。男性であれ女性であれ身体的変化がはじまった思春期の、アイデンティティの劇的な変化を思い起こしてください。体が青年と同じくらい、あるいはそれ以上に急激に変化してゆく妊娠期の女性にとっても同じなのです。この変化に順応するのに青年であればおそらく数年はあるところ、妊婦さんには七か月（最初の二か月はおそらく含まれないため）しかありません。このように急激な身体変化は女性の身体イメージを不安定にし、彼女のアイデンティティが新しく組み立て直される基礎となるのです。

妊娠をめぐる体の変化は、ほとんどの女性にとって母となるための心の準備に大変重要な役割をはたしますが、いっぽうでそれは不可欠というわけではありません。というのも赤ちゃんを養子として受け入れる女性たちは、こうした身体変化の助けなしに母性を発達させるからです。けれどもそうなるためには、より多くの心の仕事が必要になるかもしれません。養子をとる女性にもまた、想像力で自分たちの夢の赤ちゃんをつくり上げ、自分のことを母親としてイメージする期間があります。それは九か月以上にわたることが多いのですが、これは養子縁組のプロセスが何年にもわたることがあるからです。

ですからほとんどの場合、あなたの変わりゆく身体は、母親アイデンティティが根付きやすくなるように、今まであなたが抱いていた自己イメージを変化に開かれたものにするだけでなく、赤ちゃんについての想像を育まれやすくもしています。妊娠の九か月間はかけがえのない仕方であなたに、これから訪れる母親業に対する心の準備をさせます。この時期にはあなたは、母親アイデンティティを形づくる上で大切な多くのテーマに直面しますが、そのプロセスはあなたの心の中で起こるのであり、そこではさまざまな将来のシナリオを書き換えたり、予行演習したりできるわけです。妊娠期が終わり予定日が近づくと、新しいアイデンティティに向けた心の準備の主な部分は完了します。

第2章
出産——変化のとき

女性が母親になるのはいつかと人に尋ねたら、即座に返ってくるのは「出産したときですよ、もちろん」という答えでしょう。しかし、ことはそう単純ではありません。実際に出産する瞬間は、確かに女性が物理的に母親となる瞬間かもしれませんが、心理的にも母となるためには、単なる分娩よりもずっと長い時間をかけ、多くの段階を踏まねばならないのです。もしあるお母さんに、初めて出産した日やその晩のことをじっくり思い返してもらえば、体験そのものは信じられないくらい強烈だったものの、それが実際に自分を母親にしたわけではなかったとおそらく同意してもらえるでしょう。分娩そのものはむしろ移り変わりのときであり、どこでもない場所にただよっているような瞬間なのです——疲れ、高揚、安堵を伴って。

この章では出産の全過程を詳細に論じるのでなく、女性が母親としての自分を打ち立てるまでに起こる重要な出来事を、いくつかお示ししてゆきたいと思います。母親は、出産の瞬間にはまだ赤ちゃんにそれほど愛着を抱いていません。非常に親しい存在に引きつけられる感じはあるものの、まだ他人です。赤ちゃんを愛するとはどんなことか、彼女にはまだ本当には分かりません。実際に愛しはじめたときにのみ母性は引き出され、存在しはじめるのです。

何年にもわたって多くの女性と母親としての経験を話し合ってきて明らかだと思うのは、赤ちゃんの誕生（特に最初の赤ちゃん）は、ほぼ例外なく女性の人生で中心的と言えるほどの出来事であり、奇跡であると同じくらい外傷でもあって、忘れ得ぬ感情と意味合いの詰まったものだということです。ほとんどの女性にとって、それはあまりにも根源的かつ深遠なために、完全に消化したり言葉にするのが難しいのです。出産という出来事は当の母親にすら決して語り尽くせない物語なので、彼女の人生の中で部分的にしか理解されないまま、それでも不動の礎石として残り続けます。出産の経験がよいものか悪いものか両者の混じり合ったものかは、あまり問題になりません。どうであろうがその記憶は、生々しく残り続けるのです。

赤ちゃんの誕生についての物語は、あなたの母親アイデンティティの重要な一部となります。私と妻は、初めての出産がどんな経験であったかを、多くの女性たちに尋ねてきました。するとほとんど例外なく彼女たちは、出産当時のままの鮮明さでそれを語ってくれるのでした。出産があったのがたとえ四日前であろうが四年前であろうが四〇年前であろうが、それと関わりなく記憶は同じ鮮烈さで保たれ続けます。そして興味深いことにほとんどの女性の物語は、時間とともに、また語り直しとともに、ある変化をたどります。つまり事実と空想と神話の混合物になっていくのですが、しかしその内容がどうであっても、それはあなたを母性へと導く生涯の物語であり続けるのです。

第一子の誕生を振り返ると、違うふうだったらよかったのにと思うことや、今も悩ましく思うことがあるかもしれません。出産時の経験やそこで起こった大小の出来事が、早期の母子関係のあり方に影響したのではと思われるケースもあります。またそれが医師や看護師や病院というものにあなたが抱くイメージに影響したことも十分考えられます。

出産というこの劇的な出来事は、母親になるための準備の最終段階の一つです。すでに述べたように、一人ひとりの女性は出産というプロセスにおける決定的瞬間を違ったふうに経験するものの、どんな母親の場合でも母親アイデンティティがしかるべき場所に収まるまでには、出産後も長い時間がかかります。もちろん養子をもらった場合や麻酔下で出産した場合のように、たとえ実際には産む過程を経験していなかったとしても、女性は自分を母親だと感じられるでしょう。しかし多くの女性にとって分娩の最中には、母性へと乗り出させるような、普遍的で決定的な瞬間があります。分娩の最中やその直後に起こるいくつもの特別な出来事は、カチリカチリとあるべき場所に収まっていく錠前内部の部品《タンブラー》のようなもので、そうするうちに母性へのドアが開くのです。

力の限りに

分娩の最中、特にその最後の段階で女性は、自分がこれまでで一番重要な仕事の一つに今取り組んでいるのであり、そこには赤ちゃんと自分双方の命がかかっているのだと、本能的に悟ります。この瞬間に起こっていることはあなたに起こっている出来事でありながら、あなたを超えたところで進行しているのです。そこにはちょうど満ちゆく潮かサイクロンと同じような、自然がもつあらん限りの力が働いていることが感じられます。自分を見失わぬようにそのプロセスに従い、同時に責任をもってその仕事を引き受けねばなりません。そうするよりほかないのです。こうした瞬間、あなたには、通常の集中力・忍耐力・痛み・意志力の限界をはるかに超えたものが要求されます。夫や助産師、看護師の助力はかけがえないものですが、それでもあなたは究極的には、自分一人の力でこれをやり遂げるのです。

出産という行為が心理的な転換点になったり、人生に深い変化をもたらす挑戦的で儀式的な出来事となるのは、出産がもつこのような極端さゆえです。しかしそうした非常に重要な出来事であるにもかかわらず、ほとんどの母親はあまりにも虚脱し疲れ果て、また静かに喜び安堵しかつ混乱すらしているために、この移り変わりが何の前触れであるのか把握できません。しかしその後に起こってくる出来事の一つひとつは、新たに母親となったその人の世界を完全に組み変え、変化させてゆきます。

産声

多くの人にとって赤ちゃんが初めてあげる産声は、新しい自分をまるごと目覚めさせる警笛のように働きます。ある母親はこう述べました。

…………

お腹の中の赤ちゃんが蹴ったり動き回ったりするのをずっと感じていたけれど、私たちの間にあったのは静かなやりとりだけでした。お腹をいっぱいさすってあげたり心の中で話しかけたりしていたけれど、彼女も声をもっているなんて考えたことがありませんでした。
出てきた赤ちゃんを助産師さんが私のお腹の上に乗せようと抱え上げたとき、彼女はとぎれとぎれに小さな声で泣きました。私はそれを聞いて愕然としました。彼女の存在がとてもリアルに感じられたのです。彼女はもはや私の一部ではなく自分自身の声をもっており、それはすなわち彼女が小さくはあるけれど一個の固有な人間であることを意味していました。
このお母さんにとって産声は、かつて一体だったものがいまや二つとなったことに、気づかせてくれるものだったのです。

……………………………

赤ちゃんをお腹にのせること

長年の慣習に従ってお産に付き添う人は、とりあげた赤ちゃんに悪いところがないかざっと調べた後、母親が直接触れ合い知り合えるように、その子を母親のお腹の上に置きます。赤ちゃんの産声を聞くことと同じように、自分の上に乗った赤ちゃんの重みと肌触りが、母性のかけらを永遠に結晶化する強力な瞬間になることもあります。

……………………

赤ちゃんが出てきたら、痛みがなくなりやっと自由がきくようになって、心底ほっとしました。すると赤ちゃんが私のお腹の上に置かれ、その体のぬくもりと生きている感覚に、私は圧倒的な達成感を感じました。肌に伝わるその重みと形は、私の体にまとわりついていた、それまで気づ…………きもしなかった虚脱感を埋めてくれるようでした。深い幸せを感じました。終わったのです。赤ちゃんはここに、私の上にいました。すべてが完了したのです。

あなたが赤ちゃんを自分の上に抱いているということは、別の一歩が踏み出されたことを意味します。赤ちゃんは内から外へと出てきたのですが、ほとんどのお母さんたちはこのことを、文字通りそのようには感じません。この時点でお母さんに分かるのは、自分が仕事を終えたのだということ、赤ちゃんは生きているのだということ、そして自分は赤ちゃんとともに生還したのだということだけです。二人の結びつきは妊娠中とはまた違い、これまで以上に親密なものになります。

なかには赤ちゃんが医学的な理由ではやばやと連れ去られ、保育器に入れられてしまい、意に反して赤ちゃんを抱く機会を奪われてしまうお母さんもいます。そのせいで自分の抱いた空虚感や、赤ちゃんを自分の腕に抱きたいと思っていた欲求に気づくのは、時には数日後、赤ちゃんがお母さんの腕にようやく戻される頃になってからなのです。

まなざし

もう一つ鍵になる出来事は、たとえ一瞬であれ、赤ちゃんがお母さんをまっすぐに見つめる瞬間です。まさにそのときに、しばしば驚きながらもはっきりと、お母さんたちはその赤ちゃんが人《ひと》であること（これを私はパーソンフッドと呼んでいます）を、突然心に刻み込まれます。

多くの赤ちゃんは、実際は明瞭な視力で周囲を見回しているわけではなく、ぼんやりとしか焦点の合わない目を開いているだけなので、そのことに母親がそう強く心打たれるということはありません。しかしながら赤ちゃんには実に強い影響を及ぼす、他のあることができます。母親が話しかけると、ときどき彼らは自分の頭と目を彼女の顔に向けて動かすのです。母親が顔を動かすと、彼らは時にそれをじっと目で追います。こうした小さな行動に、母親は赤ちゃんが自分を知っていること、すでに自分を選んだこと、そして自分との絆で結ばれていることを感じます。これを知って彼女は、さらに深い母性へと動かされてゆきます。

授乳、そして重心の移行

初めてのおっぱいは、赤ちゃんに独特の喜びや欲求不満をもたらすでしょうが、多くの女性にとっては、これがわが子であり自分はまさに母親なのだと確かめる機会になります。「私の赤ちゃんは生まれてくるなり泣いてお乳を吸った。まったくためらう様子はなかった。私は自分がこの子の母親であると即座に悟った。この子にもそれが分かっているようだった」と。

しかし授乳はつまずきとボタンの掛け違いの連続となることもあり、そういうときには泣きつのる赤ちゃんと、絶望の淵にいる母親とが残されます。「お産はうまくいったし、ローズちゃんは元気に生まれてきた。でも、この子はお乳を飲むことにあまり興味がなかった。もし私の記憶が正しければ、私とこの子が息を合わせてうまく授乳できるようになるまでには、ほとんど丸三日もかかった。私は絶望して、うまくやってゆけないのでは、私には赤ちゃんの求める何かが欠けているのではと怯えていた。三日目のあの日までは、本当に絆ができていたとは思えない」と。

授乳がすぐにうまくいくかどうかにかかわらず、それは母親にとってのもう一つの視点の移動を表しています。妊娠中ばかりか分娩直後でさえ、お腹に赤ちゃんを乗せるなど、母親の想いが集中するいわば情緒的重心は、子宮とお腹でした。それは長い妊娠期間にわたって、彼女の物理的重心があった所でもあります。しかし赤ちゃんがお乳を吸いはじめると、気持ちの上でも物理的にも、母親の重心は、乳房や胸へと移動するのです。乳房は授乳という、非常に重要な営みがおこなわれる場です。そして彼女の胸は、いまや赤ちゃんをあやす場所となりました。それは赤ちゃんにとっては安らげる天国となり、お母さんにとっては愛の身体的表現があふれ出る源となるのです。

感受性、そして赤ちゃんを守るための行為

人生の中で赤ちゃんを産んだ直後の数時間や数日くらい、女性が傷つきやすく感じやすいときはないのかもしれません。それはあたかも彼女が生きた受容器になって、周囲のものごとが顕在化し展開していくのを待っているかのようです。彼女は「建設的な傷つきやすさ」とでも言うべき状態にあり、たとえそれがごく日常的なことでも、自分と赤ちゃんの周囲で言われたりされたりしたことの、どんなかすかな意味もキャッチしてしまうのです。

周りで起きるどんな出来事も、出産までの九か月間に周到に育まれた心理状態で受け止めるために、出産後の母親の感受性は非常に鋭くなります。思い起こしてほしいのですが、これは母親の心という舞台の上で、現実の赤ちゃんが想像上の赤ちゃんと出会う瞬間なのです。そのように見てみると出産直後の母親の心は、欠けやすい陶器のように大変もろいものです。往々にして医療スタッフは、何気

ない言葉や心配げな口調が、いかに母親の心にヒビを入れるものか自覚していません。たとえばある医者は「この子は今まで診てきた大半の元気な赤ちゃんとは違うね」などと、母となったばかりの女性に言うかもしれません。あるいは同僚の医者に「この子の心臓をもう一度チェックしておいて、万全を期したいから」などと。こういう言葉はたいていの母親にとって、危険を知らせるサイレンのように鳴り響きます。彼女らは生まれたばかりの赤ちゃんに、何らかの脅威が襲ってくるかもしれないと身構えているのです。

しかし、どんなに疲れ切って無防備で傷つきやすい状態でも、母親には自分と赤ちゃんを守るために、決然と行動しなければならないときがあります。直観を信じて行動しなければなりませんが、そういう自分には我ながらびっくりするかもしれません。

ある女性は、大変な早産かつ難産を経験しました。合併症は深刻でした。その赤ちゃんはすぐに呼吸せず補助呼吸が必要で、頭蓋内出血も伴っていました。やっと赤ちゃんを母親の腕に抱かせることができたとき、医師は動揺を招かぬように、しかしはっきりとその状況を母親に伝えました。「赤ちゃんにとって、お産はとても大変な経験でした。そのためあなたの赤ちゃんは残念ながら、視力を失うばかりでなく、発達にある程度の遅れをきたすかもしれません」。しばらく話し合ったあと、医師は部屋を出ました。医師が去った後そのお母さんは、娘を優しくのぞき込むと、こう言ったのでした。

「いまのお話、分かったかしら？」

自分と赤ちゃんとを不確実な未来から守ろうとした、その母親は正しかったのです。同時にその医師が彼女に、起こりうる事態を告げたことも間違っていませんでした。結局一歳までには、その女の子はまったく標準的な発達を遂げていることが分かりました。この場合には赤ちゃんを守りたいという一途な気持ちが、彼女を一気に母親アイデンティティに近づけたのでしょう。

満足

大半の女性が出産を経験して受ける強烈なインパクトは、「やりきった」という達成感でしょう。母親は多幸感や疲れ、消耗や勝利感それに安堵感がさまざまに入り交じった気持ちを語ります。あるお母さんはこの状況を次のように語りました。「私はお産のあとすぐシャワーを浴び、体を洗い流していました。すると、幸福感の温かい波に襲われ、気がつくと泣いていました。しばらくの間お湯と涙と母乳が、ないまぜになって私の体を流れ落ちていました——頭上から降りそそぐ熱帯の雨のように」。

この入り交じった感情の底にあるのは、自分もまた豊かな大地の一部であり世界の一部であって、永遠の時の流れに属しているのだという深い感覚です。こういう瞬間には、いまだ疲れの残るその母親が静かに赤ちゃんを抱いているときなら、夫や友人らが見たこともないような、そして一度目にしたら決して忘れられないような表情を浮かべているかもしれません。顔にあるトーンを与え、人目を意識して引き締めている普段の緊張はみじんもありません。むしろ私的《プライベート》で静かで、中心の一点で静止している、外向きの意図のまったくない、愛に満ちた顔です。こうした顔には、この世のものと思われぬ美しさがあります。

これは幸運なお産を経験できた母親なら、多くの人が心の奥で感じていることでもあります。もし幸運でなかったとしたら、彼女らはちょっと騙《だま》されたような気がしているかもしれません。お産の最高の瞬間を多少奪われたからといって、母性への歩みが妨げられることはないのですが。

お産に伴う純粋な達成感は、これから子育てに向かう女性に大きな自信を与えてくれます――実際、それは自信が必要な時期なのです。とにかく、あなたはやり遂げました。たとえ硬膜外麻酔、脊髄神経麻酔、会陰切開、鉗子《かんし》分娩、全身麻酔、あるいは帝王切開などの医学的処置に助けられて出産したのであっても、やっぱりやり遂げたのです。ほとんど自分ではどうしようもないような状況におかれて、それでも立派に成功をおさめました。あなたはいやでも自分の感覚と本能を信じ、痛みを耐えるみずからの力を信頼して、大切な役割を立派にやり遂げるために、肉体的挑戦を乗り切らねばなりませんでした。あなたは子どもを宿し、無事に出産を終えたのです。

陣痛から出産まで、夫婦はうまく協力し合えたかもしれません。もしそうならその女性は、今後も夫を期待し信頼して、赤ちゃんの世話を学んでゆく間自分を支えてもらう役割を、夫にまかせられるでしょう。出産を二人して乗り切った成功は、夫婦でこれから取り組んでいく仕事に対しても、大いに役立ちます。加えて新米の母親となったあなたは、医療スタッフや助産師・看護師あるいは他のお母さんたちから、実際にも気持ちの上でも、ぜひとも支え、導いてもらわねばならなくなるでしょう。

まとめて言うなら、母親はお産を経験する中で、自分自身が母親として生まれ変わる準備をほとんど完了してしまうのです。すべての配役はいまや所定の位置につき、すでに相互交流を始めています。赤ちゃんを抱いて手足に触れ、自分のほうへと抱き寄せるとき、あなたはその子を自分の赤ちゃんとし、自分を赤ちゃんの母親とします。あなたは自分の新たなアイデンティティへと非常に大きな一歩を踏み出したのであり、これから自宅でくり広げられるさらに厳しい段階を引き受ける準備をほぼ整えました。

けれどもその前に、まだもう一つ、済ませておかねばならない課題があります。今度はそれを見てゆきましょう。

第3章
想像上の赤ちゃんと現実の赤ちゃん

母性への準備が整うには、もう一つ取り組まねばならない課題があるのですが、その仕事もまたほとんどが、あなたの心の中でおこなわれます。つまり妊娠期間中にはあなたは想像上の赤ちゃんと生きてきたのですが、現実の赤ちゃんが誕生する頃には、母親は特定のアイデンティティや役割を、赤ちゃんだけでなく夫や自分自身にも割り振って、将来への青写真を描くようになります。

将来への新たな計画を描きだすにあたって、母親はなぜこの瞬間、つまり出産のときを選ぶのでしょうか？　それは出産に到るまでの準備期を通して、彼女の自分自身を見る目がすでに相当変化しているからです。一人の子どもの母親となることで、あなたは少女時代を含む人生の長い一時代の幕引きを感じつつ、岐路に立つ自分に気づき、もはや呼び戻せない過去とまだ見ぬ未来に同時に直面するのです。

この劇的な事態により人生の岐路に立たされた女性は、新しい生き方と、そしてある程度は新しい役割と働きとを、自分や周囲に期待せざるをえなくなります。いろいろな変化はあるにせよ、すでに知っていることを生かして対処せねばなりません。結果としてあなたは心の中で、それまでの家族メンバーがしていた役割や働きを、夫・両親・きょうだい・親戚などに新しく割り振りし直すのです。こうした産後数週の大変化は、過去を閉じることでもあるので、大きな喜びとともに悲しみも呼び覚ましします。想像していたアイデンティティや役割を、特に赤ちゃんに対して割り振ることは、この喪失感への対処でもあるのです。

あなたがこのとき割り振る役割やアイデンティティは、これから起こる出来事を決定づけてしまいます。つまりあなたは母親として、自分の人生に誰が関わってきて、その人は自分にとりどんな意味をもつことになるのかを予言するのですが、不思議なことにその予言は、予言されたがゆえに実現してしまう、いわゆる「自己実現的な予言」になってしまうのです。ですから、こういう心理現象をしっかり認識しておくことがとても大切です。あなたの子どもや家族たちは、あなたが描いた青写真とともに生きなくてはならないでしょう。そうした青写真は将来への導きとして働きますが、ふつうは意識されていないため、ちゃんと吟味されることはめったにありません。それは本当にあなたが望んでいる将来を表しているでしょうか？　あなたが息子や娘に描いている期待や空想は、その子たちを励まして偉大なことを成し遂げさせるかもしれません。しかし反対に、その子自身の自然な発達を覆い隠してしまうかもしれないのです。自分が家族になした自己実現的な予言はどんなものかを自覚し、家族へのプラスとマイナス両方の影響を認識しておくことには、それなりの価値があります。

予言や青写真ができていくプロセスは、赤ちゃんの誕生後もそれ以前と同じように続きます。出産のとき、あなたの想像上の赤ちゃんは現実の赤ちゃんと対面するわけですが、あなたの想像上の赤ちゃんは自動的に消え去るわけではありません。再び自己主張を始めるのですが、ただしそれは現実の性別・体格・容姿・肌や目の色それに気質に合わせて、少し修正されます。アップデートされた想像上の赤ちゃんは、現実の赤ちゃんとともにあなたの中で生き続けます。あなたは現実の赤ちゃんを、自分の願望や夢や怖れを通して見続けるのです。あなたは赤ちゃんを腕に抱きつつ、同時に心の中にも抱いていますが、この二人の赤ちゃんが完全に重なり合うことはめったにありません。

出産間もない数か月のことを振り返ったある母親は、自分がよく欲求不満に陥っていたことに気づけるだけの洞察力をもつ人でしたが、そうするうちにその一因となっていたことが突き止められたのでした。

母親となって最初の数か月は、本当には楽しんでいなかったと思います。私はいつも赤ちゃんのリサがいつ泣くかとピリピリしていました。リサのすることといったら泣くか、ぐずるか、のけぞるかしかないみたいでした。母親になるのを待ち望んでいたのに、それは私が思っていたような楽しいものでは全然なかったのです。そもそも子どもをもったのが大きな間違いだったと、実際思いはじめていました。

ついには夫のダグとも、その話になりました。というのも夫から見ても、私の欲求不満は危険なほど高まっていたからです。夫と話してみて、ひどく大切なことに気づきました。言葉にしてみるとバカみたいですが、私が妊娠中思い描いていた夢の赤ちゃんというのは、たいそうかわいい小さな子で、私の腕で安らかに憩い、窓からは陽の光が差し込み、背景では小鳥が歌っている、そんな赤ちゃんだったのです。

現実のリサは、かわいいどころじゃありませんでした。虎のようにどう猛で、誰の腕の中でも安らかに憩ったりしません。私が授かったのは安らかな子でなく、気難しい子だったのだと認めたとき、やっと事態にうまく対処できるようになりました。リサと過ごす陽の光に包まれた静かな時間はあり得ないでしょうが、そのかわりドキドキ・ワクワクする時間はあるでしょう。リサが退屈だなんてこと、絶対ありませんから。

同じようにほとんどのお母さんは、母親としての自己イメージをもっているものの、それはしばしば現実とは異なっています。あなたは自分があまりにもぐっすり眠るほうなので、夜中に赤ちゃんが泣いてもかまわず眠り続けるのでは、と心配していたかもしれませんが、実際にはその都度すぐに飛び起きていたりします。あなたはここでも自分の人生を、自分の抱いている怖れと願望を通して見ているのに気づくでしょうが、この怖れと願望とが、現実とは隔たりのある想像をつくるのです。現実の母親としての自分は、結局思ったよりよいものだったというお母さんもいますが、逆になる人もいます。ですが、母親はみんな、自分の期待が現実に対して及ぼす力にうまく対処してゆかねばならないし、夫や赤ちゃんや自分自身に対するそうした期待とどうつきあっていくか、よく考えねばならないのです。

母親のニーズを満たす、想像上の赤ちゃん

どんな母親も赤ちゃんに、自分の個人的な必要や野心や願望をある程度満たしてもらい、また自分の失敗や失望を癒してもらうことを期待するものです。生まれてくる赤ちゃんについて、またその赤ちゃんが果たしてくれる役割について、女性が心に描く青写真の中でも、最もよくあるものをご紹介しましょう。

✦無条件の愛

ほとんどの女性は実際に母となる前に、自分はどんなふうに赤ちゃんを愛するだろうかと考え、また同じくらい大切なこととして、自分はどんなふうに赤ちゃんに愛されるだろうかと考えます。世の中の多くの人は自分の子ども時代を振り返って、両親から無条件の愛を注いでもらえなかったと感じます。自分が愛されたのはそのおこないによってであり、存在自体を愛されたわけではないと思うのです。そういう人たちは親の愛情をつなぎ止めるためによい成績を取るか、人気者になるか、仕事上の成功をおさめるか、スポーツの才能に恵まれるか、音楽に秀でるか、その他何であれ親が重要と感じることに必死で頑張らねばと感じていました。それがよく愛されるための条件だったわけです。

こうした背景をもった女性は自分の子どもが生まれると、たとえどんなことがあろうと自分を愛してくれる人がやっとできたと考えるかもしれません。こう考えるだけで深い満足がわき、償われる思いがするでしょう。しかし、避けがたいことながら、赤ちゃんに怒りをぶつけられたり拒絶されたり、あるいは単に自然な成長の一環として赤ちゃんがだんだん自分でやれるようになると、そういうお母

さんは耐えられなくなるかもしれません。

ある母親は娘を初めて見たときに、このような気持ちを抱いたと語りました。その母親が自分の赤ちゃんに期待した役割がいかに母親自身の過去に支配されたものかは、非常にたやすく見てとれます。

私の家族はみな変でした。四人姉妹と狂った母親、そしてまったく静かな父親。わが家では感情が一日を支配していたので、今も私たちはお互いに、話すということができません。いつも怒鳴り合い、犠牲者ぶり、そのあげく互いを切り捨ててしまうというお決まりのパターンになるのです。そして、そのほとんどは母親に由来していました。私たちは皆、どうやったら人が傷つけられるかを彼女から教わりました。それも、とりわけ自分が愛すべき人をです。

病院で出産後なんとか座れるようになり、先生に娘を抱かせてもらったとき、私はこの子をのぞき込みながら、内心はっきりと分かっていました。この子こそ、いつでも私のそばにいてくれ、私のことを分かってくれ、心を閉じないでいてくれる人間だ。この子を絶対に手放すものか、と。

✦代理としての赤ちゃん

もし赤ちゃんを授かる前に愛する人に死なれていたら、当然理解できることながらその女性は、どこか失った人の代理として、その赤ちゃんを見るようになるでしょう。こういう衝動は、その喪失が妊娠中に起こっていればなおさら強くなりますが、たとえそれが何年も前のことでも、なお強い影響を及ぼすことがあります。ダイアナ［第1章「ダイアナ――遠く距離を取った見方」に登場する母親］は妊娠末期、こういう意味で非常に大事に思っていたおばのことを考えました。

今日、空港でいっぱいに積もった雪を見ていたら、去年の冬、最後にクラウディアおばさんに会いに行ったことが思い出された。私は分厚いコートを羽織った乗客たちと一緒に、その便《びん》を待っていた。さよならを言うためだけに、自分はいま彼女の家に向かっているのだと知りながら。

年を重ねるほど、彼女が私のためにしてくれたことが分かるようになり、私は驚き、戸惑っている。彼女の家に世話になったとき、私はまだほんの一〇歳だった。一〇歳の子どもというと今の私には小さく見えるけれど、自分が一〇歳だった頃には、自分をもう相当おとなだと感じていた。その頃母親とは、何もかもうまくいっていなかった。同じ家にいてもとても遠く感じられ、母はいつも泣いているか、寝室にこもっていた。家は空っぽな感じだった。「クラウディアおばさんのところでしばらく過ごしてらっしゃい」と言われたとき、事態が少しでもましになるならそうしよう、と考えたのを思い出す。

初めておばさんの家を見たときには、その雑然とした感じに驚いた。あれはちゃんとした暮しのある、住み込まれた家だったのだと今では分かる。おばさんはリビングにでんと座って、紙と本と電話のメッセージに囲まれ、彼女の目を盗んではソファで寝てしまう犬と、冷蔵庫の残り物（彼女は自分で料理をしていたのだ）と一緒に暮らしていた。

初日からクラウディアおばさんは、私を家族の一員として迎え入れてくれた。自室のデスクで仕事をしていることもあったけれど、毎日仕事に行くわけではなかった。たいてい友人を訪ねるか、図書館で働くか、隣に住む二人の年老いた姉妹の世話をするか、自分の庭と同じように他人の庭にも種をまくかしていた。どこに行くにも、当たり前のように私を連れて行ってくれた。母と二人きりで何年もモノクロの世界で暮らしてきた私には、あの八か月は彩り豊かな暮らしに感じられた。

彼女が逝《い》ってしまったとは思いたくない。あの最後の旅はつらかった。もう最後だとお互いに知っていたから。葬儀の二か月後、私は妊娠した。お腹の子が女の子だと知ったとき、即座にクラウディアと名付けようと思い立った。こういうことって、きっとこんなふうに起こるものなのだろう――死と生は、時にとても近づくのだ。そのときも、それに今も、ときどきこう思うことがある。ああクラウディア、私、赤ちゃんなんか産んでどうするつもりなのかしら、と。

もし亡くしたのが親などの非常に親しい人であれば、（しばしば宗教的な習慣に支えられて）その人の記憶をいきいきと保っておくために、その人にちなんだ名を赤ちゃんに付けるという風習があります。そういう場合、赤ちゃんを授かった親はしばしば、自分たちにとって亡くなった人がもっていた意味合いを受け継いでくれる赤ちゃんを欲し、必要とするのです。これはダイアナの場合にも確かに当てはまり、彼女は自分自身の世界に彩りを与えてくれる、生命力あふれる女の子を望んだのでした。

こういう代役を果たすことは、時には生まれたばかりの赤ちゃんにとって、ひどい重荷になります。赤ちゃんはもちろんのこと、当の両親ですら、自分たちがそんな課題を負わせているとは気づいてもいないのに、誰かの役目を引き継がされるのですから。

失った人というのが流産や死産、あるいは乳幼児突然死症候群で亡くなった赤ちゃんである場合もあります。こういう場合、特に亡くした子どもの性別や子どもにまつわるその他の事実を親たちが知っている場合には、新たに生まれてくる子に喪失を埋めあわせる役割を期待したり、また亡くなった子に対して抱いた夢や空想を引き継いでくれるよう期待しがちです。これは必ずしも悪いことではないものの、新たに生まれた赤ちゃんが、親からまだ十分に悼《いた》まれていない子の影につきまとわれて生きていくとしたら問題でしょう。

✦抗うつ薬としての赤ちゃん

新たに母親となった女性は、赤ちゃんとの生活に適応しようとする中で、しばしば抑うつ状態に陥ります。この抑うつ状態の期間はさまざまです。なかには生涯にわたる抑うつ傾向とつきあっている人もおり、そういう抑うつが赤ちゃんを授かっても消え去らないことがあります。こういう場合には、母親自身も自覚しないままに、自分の活気を保ち人生に関心をもち続けるために、赤ちゃんを使ってしまうことがあります。端的に言うなら、抗うつ剤のように使ってしまうのです。

ダイアナは幼少期から落ち込みがちでした。彼女には少女の頃常に、活発で外向的な女の子の親友がいました。冒険や人との出会いにむけてダイアナの背中を押し、ダイアナを人生の中へと引き込んでくれる冒険家の親友でした。気分が沈みはじめると元気づけてくれる友だちがいつもいたのです。

こういう役割こそ、実の母親には果たせなかったけれど、おばのクラウディアには果たせたものでした。高校時代にもそれ以降にも、彼女には抗うつ剤のような女友達が次々とできました。夫のカールも、彼女のためにそういう重要な役割を時には演じてくれましたが、いつもうまくはゆきませんでした。ダイアナは自分では自覚していませんでしたが、抗うつ剤のような元気づける役割を、赤ちゃんが果たしてくれることを空想していました。いっぽうでこの空想の対極には、彼女も自覚していたもう一つの空想がありました。赤ちゃんは穏やかで扱いやすいだろうという空想です。

母親の抗うつ剤としての役目を割り振られるというのは、幼い子どもに重い責任としてのしかかることがあります。そしてそれを果たすためにはその赤ちゃんは（その子の気質が許すならですが）、非常に活発であるか、あるいは魅力的でなければならないでしょう。でも小さなクラウディアが、もし穏やかで静かな子だったとしたら？

✦身代わりの赤ちゃん

避けえないこととして、子どもは、将来にむけた親自身の延長です。どんな親にも、まだ果たせないでいる夢や進めなかった道があります。自分に代わって子どもに自分自身の過去を修復してほしい、やり直してほしいという欲望は理解できるものでしょう。だから結局、娘をバレエ教室に通わせてみようとか、息子にはもっと勉強させようとか、それが必ずしも子ども自身の希望でなくても、また長い目で見ると彼らの最善の利益にならなくても、親は思い込むことになるわけです。つまり赤ちゃんの将来を思い描きリハーサルすることには、あなた自身の過去を演じ直すことが含まれているかもしれません。

また同じくらいよくあることとして、「自分に最も大きな成功や満足をもたらしてくれた体験を、ぜひ赤ちゃんにも」と親は願うことがあります。数世代にわたって普通では考えられないような仕事上の成功をおさめた家系などでは、遺伝的な素質ばかりでなく、それを促進し強化するような空想が働いていたのでしょう。

親が子どもに自分の身代わりとして生きてもらおうとすることがあるのは周知の事実ですが、そういう傾向が自分自身にあることを自覚するのはしばしば難しく、たとえ自覚できたとしてもそれが子どもにいかに大きな影響を及ぼすものかは過小評価されがちなのです。

想像上の赤ちゃんが、あなたの結婚生活に及ぼす影響

「赤ちゃんは自分たちの結婚生活にどんな影響を及ぼすだろう」と、母になる女性たちはみな思い巡らします。何らかの影響は、どうしても生じてくるでしょう。出産というたった一つの行為によって、二人は三人に、カップルは家族になります。それに適応していくことは大変なことであり、予測も難しいことです。赤ちゃんの誕生が自分たちの結婚生活にもたらしうる結果について、女性にはいろいろな考えが浮かぶでしょう。

✦「子はかすがい」か、それとも結婚生活への脅威か

お母さん、お父さん方の中には、生まれてくる赤ちゃんが夫婦関係を永遠につなぎとめてくれるように願う、つまり俗に言う「子はかすがい」を願う人もいます。赤ちゃんの誕生によって、夫も妻も

自分の元を去ることができなくなるだろうと考えるのです。

赤ちゃんに想像上で割り振られた役割のかげには、夫婦関係が破綻することへの非常にリアルな恐怖が隠れていることがあります。おそらくそういうお父さん、お母さんのいずれかには、自分自身の親が離婚した経験があるのかもしれません。あるいはまたその夫婦関係の未来には、まだ解決されていない重要な問題が残っているのかもしれません。でももしその子が割り振られた役割を果たし切れずに、結局両親の関係が破綻したとしたらどうでしょう？　子どもにそういう救世主としての役割を期待することは、本当に正しいことなのでしょうか？

さらに、正反対のことを想像する女性もいます。つまり「赤ちゃんが夫婦関係の和を乱し、夫婦水入らずの関係をおびやかすだろう」と。こういう心配は、つかのまに終わることもありますが、頭にこびりついて離れない先入観となることもあります。赤ちゃんをこの観点で見るなら、母親がとりうる見方は実際、たったの二つしかないことになります。つまり、「壊れそうな夫婦関係をじゃまな赤ちゃんから守らねばならないから、赤ちゃんは隅に追いやっておかねばならない」。あるいは「赤ちゃんを夫婦関係から守らねばならないから、夫婦関係は隅に追いやっておかねばならない」。どちらの筋書きをとっても、赤ちゃんと夫婦関係のどちらが痛めつけられるかというような、破壊的な競争関係が始まります――もっとも、たいていの場合は、その両方が生じてしまうのですが。

✦ライバルとしての赤ちゃん

「生まれてくる赤ちゃんに、夫との関係を台無しにされるのでは」と心配するお母さんがいるいっぽう、赤ちゃんを家に迎え入れることに対する夫の反応を、特に気にするお母さんもいます。彼女らは、夫が全面的に赤ちゃんを受け入れて、かわいがってくれることを期待しているかもしれません。けれども夫が赤ちゃんを温かく受け入れようとしないばかりか赤ちゃんにやきもちをやき、「自分の欲求はもう満たされず、妻に注意も向けてもらえなくなった」と思っているのを知ったら（控えめに言っても）困惑するでしょう。これはしばしば夫が「第二の赤ちゃん」になってしまう状態にたどりつきます。すなわち、夫が妻の注意をひいても妻から満足な反応が返ってこない場合（満足できることはほとんどないものです。というのも彼女は、非常に現実的な他者としての赤ちゃんを扱っているのですから）、夫のほうは夫婦関係から身を引いて、たいてい仕事にのめり込んだりするのです。

ベストのケースでも、夫婦は赤ちゃんが生まれると、自分たちがもっていた夫婦としての関係性《カップル・ダイナミック》を、いくらか失ってしまったと感じます。確かにある意味で、二人はある種の排他性を失ってしまったのです。しかし、ほとんどの場合この喪失感は短期間でおさまり、子どもを含む新しい家族関係が現れてくるとともに、健康的なバランスが生じてきます。いっぽうで、過度に赤ちゃんにかかりきりになり、妻の役割など他の役割を寄せつけなくなる母親もおり、そういう場合には夫の嫉妬も理解できるものに思われます。

パートナーの男性の（赤ちゃんの）父親としての態度や、（妻に対する）夫としての態度は、赤ちゃん誕生後の短期間で大いに変わります。そしてそれ以後将来にわたってその態度が、パートナーとして、あるいは一人の男性としての夫に対する妻の評価を左右するようになります。これは長い期間をかけて進行していくことですが、しばしばあなたの将来の夫婦関係は、この件が発端となって決まってしまいます。この時期に始まった憤りは、何年にもわたって心にわだかまるのです。ですからこうしたことについては、二人がともに誠意をもち、積極的に関わっていくことがとても大切です。

✦「完璧な家族」という想像

生まれてきた赤ちゃんが自分たちの夫婦関係に、いっそうすばらしい調和と満足をもたらしてくれるはずだと信じたがるお母さんもいます。子どもが生まれることによって理想化された三者関係、つまり「完璧な家族」ができればいいと期待するのです。こういう空想の中では赤ちゃんは、たくさんの重荷を背負わされます。「完璧な家族」とは、実際には何なのでしょう？　子どもは一人？　三人？　四人？　それとも一〇人？　たいていこのマジック・ナンバーは、自分自身の生まれ育った家族の人数から来ています。もしあなたが五人家族で育って、これから築こうとしている家族には三人しかいなかったとしたら、あなたは漠然とした失敗感や不全感を抱くでしょう。もちろん危険なのは、あなたが実際の家族一人ひとりの欲求より、想像上の理想のほうに重きを置いてしまったときです。

その家族にすでに一人子どもがいた場合、次の子はその子自身として必要とされるよりも、最初の子のきょうだいとして求められ、そこに価値を認められることがあります。ここでも親の生いたちが大きな役割を果たしています――そしてたいていの場合、これは本当に無理もないことなのです。たとえば、もしあなたが一人っ子だったことをとてもいやだと思っていたなら、最初の子が一人っ子になるのは避けたいと思わないはずがありません。こういう罠にはまらないための鍵は、自分自身の思考プロセスを自覚することです。あなたがこの空想を自覚しようとしない限り、現実の赤ちゃんをその子自身として尊重し、大切にすることは難しいでしょう。

✦欠点をもった赤ちゃん

親になる人たちは、妻や夫またその親族に、ある欠点があると感じていたり、あるいは自分自身や自分の親族にさえ欠点を認めていることがよくあります。そういう欠点とは、分厚い眼鏡をかけているとか、背が低いとか、話すのが遅すぎるとか、鼻が大きいとか浅黒いとか、あるいは外向的すぎるとか内気すぎるとか、ささいに思われるようなことです。しかしこうした特徴は、ひどく気に障《さわ》ることもあるので、パートナーのよりひどい欠陥を象徴しているように思われてくることがあります。するとと当然母親は、自分の赤ちゃんがそういう性質を引き継がぬようにと期待します。けれども実際に引き継いでしまった場合には、その特徴を引き継がせてしまった親が、往々にして非難されます。

よい特徴らしく思われるものも、否定的に見られることがあります。これから紹介するエレンが抱えていた問題について考えてみてください。その問題とは、息子をかわいいと言われて、彼女の中にわき起こってきた反応でした。

私にはとても美しい二人の息子がいて、私はその子たちを女手一つで育てるために、できることは何でもしています。この子たちの父親は四〇歳になったときに、私を捨ててよその若い女に走りました。彼の父親がしたようにです。この家系の男たちは、みんな本当に女癖が悪いんです。それはともかく、息子のジムを見て誰かが「かわいいね」「ハンサムだね」などと言うのを聞……………

くたび、私は胸がヒヤリとするんです。私はこのかわいい坊やを、人気者になんか育てたくありません。あの家系のパターンを、くり返させたくないんです。

✦贈り物としての赤ちゃん

多くの文化は、夫に対して息子という贈り物を与えられなければ妻は失格だと信じています。こうした考え方は、現代の西洋圏ではもう主流でなくなっています。しかし赤ちゃんが贈り物と見なされるような例は別の形で存在し、その多くは問題をはらんでいます。たとえばある女性が四〇歳近くになり、手遅れにならないうちに子どもをつくりたいと思っているけれども、夫が乗り気でない場合を考えてみてください。夫はまだ時期尚早だと思っており、いつならよいと思えるのかも分からない状態です。二人には、ゆっくり話し合って食い違いを解消してゆける時間はもう何年もありません。仮に、とうとう夫のほうが黙って妻に従ったとしましょう。この場合赤ちゃんは、彼のほうが彼女にしてやったこと、すなわち一種の贈り物ということになります。妻はこの贈り物に対して、いつか対価を支払わねばならないのでしょうか？　もしそうだとすると、いつまでこの分割払いを続けねばならないのでしょう？　また、赤ちゃん自身もこの対価を支払わねばならないのでしょうか？

いっぽうで、赤ちゃんを贈り物としてイメージすることは、肯定的な観点から見ることもできます。これは子どもを授かろうと長らく努力してきて、やっと成功した夫婦について言えることです。このような夫婦は、しばしば自分たちの赤ちゃんを、神からの贈り物と見なします。

私はある非常に信心深い夫婦を診ていましたが、彼らは自分たちの子が障害児であると知ったとき、それでもその子を神からの贈り物と受け止めました。このような夫婦は、障害をもつ赤ちゃんにとってすばらしい親となるでしょう。この子を育てることは、神から与えられた仕事をおこなうことだという思いによって、彼らは肯定的なものにしっかり目を向け、障害の前に立ちすくまずにいます。それによって、赤ちゃんの能力を最大限引き出す仕事もかえって容易になり、苦しみに満ちた仕事でなくなっています。

想像上の赤ちゃんと、家族の運命

親たちはしばしば赤ちゃんに、将来への希望を託します。赤ちゃんが生まれると、祖父母やおじ・おば、いとこ、両親、兄弟姉妹などからなるそれまでの人間関係の構図は、赤ちゃんという新しい家族を受け入れられるように変化せねばなりません。こうした変化は、赤ちゃんの先祖である私たちが、次世代人である赤ちゃんにどんな夢を抱いているのかを、はっきりと浮き彫りにします。しかしこうした期待は、その子にとっては大変な重荷になりますから、そのことをよく考えておかねばなりません。

✦赤ちゃんにかける「社会的地位上昇」への期待

人は新しい国や地域、あるいは新しい界隈に引っ越すだけで、移民のように感じるものです。家族が新しい地に根を張り、それなりの歴史を重ねたと感じるためには――つまり本当の帰属感を得るためには、結局三世代くらいはかかるものです。

はっきり自覚してはいないけれども、親となった人には、赤ちゃんが自分の最終的な運命を変えてくれるとどこかで思っている人もいます。そういう人は心の奥でこう考えているのかもしれません。この子が大きくなっていい学校に入れば、たくさん稼げば、訛りなしに話せば、あるいはまたいい結婚をすれば、一族全体の地位がきっと高まるだろう、と。確かにその通りかもしれません。しかしこうした期待が口に出されなくても、子どもへの影響は、はっきり現れてきます。そういう人は親として、子どものもって生まれた性格や才能といったものを、まったく見過ごしてしまうかもしれません。というのもそういうものは、家族のねらいとしている社会的地位向上には関係ないからです。たとえばある少年が夢見がちで詩的で感じやすいところをもっていたとしても、そういう性質は社会的地位を上げるために役立つとは見なされませんから、軽視されたり、認められなかったりするでしょう。そのかわり、外向性や強引さなど変化を起こすような才能は、強力に強化されるに違いありません。

子育てでとても大切だけれども同時に難しいところは、その子が本来の自分になるのを受け入れることです。あなたの夢に貢献するような部分だけを強化し、子どもが本来もって生まれたものを顧みないのは、最も善意に満ちた親でさえ陥る落とし穴です。確かに子どもが幼いうちには、こうした態度がもたらす問題は、まだ完全には表面化しないでしょう。しかし、自分たちが子どもに不当に担わせているものについて、今のうちによく考えてみるべきです。早すぎるということはないのですから。

最初の世代は兵士をしなければならないが、次の世代は農民になれる、その次の世代は専門職に、それに続く世代は芸術家や科学者になれると、歴史を通じて言い伝えられてきました。ある家系が歴史の中で目指す目標や地位のために赤ちゃんに課す期待が、よかれ悪しかれ現実の赤ちゃんの未来を決めてしまうことがあるのです。

私はずっと長い間、ニューヨークとジュネーブで働いてきました。どちらの都市も移民の伝統を強くもっていますが、しかしこれ以外にも移住は世界中でますます盛んになっています。合衆国内では実際どこにでも移住が見られ、地理的移動も激しくなっています。その地に根を下ろすには数世代はかかりますから、ほとんどの家系は移住の影響をまぬがれません。こうした移住の習慣によって、最も広く流布してわれわれの子育てに影響を及ぼしている空想《ファンタジー》が、刺激されているのです。

✦一族の伝統の重み

一族の伝統を守るよう期待される赤ちゃんたちもいます。たとえばもしその子が初代から数えて三代目の男の子で、それまでの代がみな家族経営の会社で働く弁護士だったとしたら、自分に担わされた一族としての宿命に従わずにいるには、よほどの闘志が必要でしょう。運動選手の家でも、銀行家や労働組合の労働者の家でも、熱心な信者や養蜂家の家でも同じかもしれません。伝統的に受け継がれてきたこうした一族の役割というものは、子どもの将来を形づくるのに強大な影響力をもちます。それは巨大な重力場のように作用して、その家族の日常生活のほとんどすべての要素をコントロールします。すなわちその子のモデルとして親が何を提供し、その子が何を模倣するか、親が何を教えようとするか、家族が関心をもち食卓で話す話題、陰に陽に伝えられる価値観、家族としてつきあう友人選択や娯楽活動までもがコントロールされるのです。一般にこうした力は非常に強力なため、子どもは受け入れ従うか、反抗を通じて逃れるか、第三の道を見いだすかになります。しかしたいていの場合子どもたちは、自分が一族の理想からどのくらい外れているのかを、忘れられないまま生きていくのです。

✦想像上の調停者

もしもロミオとジュリエットが生き延びて子どもを授かっていたら、その子の誕生は両家の間に平和をもたらしたでしょうか？　親の中には、結婚に反対し挙式にも出席してくれなかったような自分の親の態度が、子どもの誕生によって軟化するのでは、と期待する人もいます。スコット夫人は、自分の想像上の赤ちゃんのことをこう語ってくれました。

父さんと私はこれまでずっと仲良しでしたから、どんな結婚相手を選んでも父さんには決して満足してもらえなかったでしょう。私のほうも、父さんをずっと理想化してきました。しかしスコットを家に連れて行ったとき、私はあやうく父さんを心臓発作寸前にまで追い込むところでした。私たちの家系はみな純粋な白人でしたが、スコットは黒人系アメリカ人だったのです。

それから二年ほどは最悪でした。父との会話は短くぎこちなく、母に言われたときにしかうちに来ようとはしませんでした。けれどももうすぐ赤ちゃんができます。女の子がです。車で両親の家に向かい、車を降り、赤ちゃんを抱いて玄関の前に立つ自分が、何度も頭に浮かびます。父が戸を開けたら、私はだまって娘を父に差し出すでしょう。父はそれを受け止め、しっかり抱きしめてくれるに違いない。そのときには父はもう私を見ずに、娘を見下ろしている。娘が父の心……を溶かしてくれるのです。

完璧にこのシナリオ通り、ことが運ぶ可能性もあるでしょう。しかし反対の結果になった場合を想像してみてください。もしもこの玉のような女の子、愛されるのを待っているようなこの子が、祖父に応じてもらえなかったがために、親たちの期待を深く傷つけたとしたら？　この子はそれと知らぬ間に、すでに親によって思い描かれていた彼女の生きる目的――つまり母親と祖父を和解させること――に、失敗してしまったことになるのです。当然こんな期待は誰にとっても重すぎるし、赤ちゃんにとってはなおさらでしょう。

家族について中庸の見方をとるマーガレットは、この同じ問題についての、それほど極端ではない例です。彼女の実家と夫方の実家は、信仰上の違いや社会的地位の違いもあって、親しくはあってもそれほど熱心なつきあいではありません。マーガレットは、生まれてくる赤ちゃんに両家の溝を埋めてもらうことによって自分が受け入れられ、夫の両親とより自然な感じで過ごせるようになればいいのにと思っています。彼女が思い描く想像上の赤ちゃんについて、マーガレットはこう語っています。

……………………

夫方の親族との集まりでは溶け込めたことがないのですが、ゆうべもそうでした。私の家族とはまるで違うのです。正直なところとにかくみんな騒々しくて、いっぺんに二人以上の人と話していないと会話した気がしないのでは、と思うくらい。

幸いゆうべは、私の両親は来ていませんでした。披露宴のとき、夫方の親族は呑めや踊れやの大騒ぎで、他方うちの親族はその中にぽつんと座って何とか会話しようとしていたという具合で、すでに相当ひどかったのです。私はいつも間に立って、何とかお互いを取りもとうとしているのですが、あまりうまくいきません。夫は一切取りもつようなことはしませんが、それでも私がもっと夫方の親族を好きになってくれればいいのにと思っているのは分かっています。

彼の両親や兄弟姉妹のことはもちろん好きなのですが、一緒にいるときどんなふうに振る舞っていいのか、分からないんです。ゆうべなんか、まさにそういう感じでした。私は三つの会話が飛び交う中に座っていたのですが、何も言えないままでした。私以外はみんな楽しそうなのに、私は自分がまるで冷たくて高慢ちきな、氷の女王になったような気がしました。お高くとまって見えたと思います。でも違うんです。どうやったらその場で気楽にやりとりできるのか、分からなかっただけなんです。「お願いだから、食後にゲームをやるなんてことになりませんように」と思っていたのを覚えています。夫には絶対「他のみんなのように、なぜ流れに乗ってうまくやれないのか」と思われているでしょう。そろそろおいとまして今晩はもう休みます、とみんなに言いたい気分でした。こんなに大きいお腹をしているのだもの、誰もダメとは言えないだろうって。

赤ちゃんができたら変わるとは思います……いや、変わってほしいです。赤ちゃんにみんなの全注意が向くことになり、私にはもう向かないでしょう。夫の両親もまた身近に生まれたての赤ちゃんがいるようになるととても喜ぶでしょうし、たぶん新しい親族を産んでくれたということで、義父母にとっての私の存在感もやっと増すのではないかと思います。もし夫の親と私の親とが、同じ部屋の中で赤ちゃんを囲んで仲良くやれるとしたら、すごいと思いませんか？　みんなゆったり、なごやかに。どんな図になるかしら？　両家を丸くおさめようとすると、この赤ちゃんは相当のつきあい上手でなくちゃなりませんね。でも、赤ちゃんには難しくはないはずです。かわいく笑顔を見せればいいんですから。

……………………

母親をもっと距離をとった目で見てきたダイアナは、自分の両親に夫との結婚を認めてもらおうなどと考えないばかりか、自分たち夫婦の結婚生活に親は何の関わりもないし、ましてや日常生活全般にわたって、口を出せるような影響力は親には一切ないと、とうの昔にあきらめています。ダイアナはマーガレットと違い、関係が修復されたらと願うような空想を抱いたり、白昼夢をみたりということは一切ありません。彼女にとっては、そんなことは思いもよらないばかりか、望みもしないことなのでしょう。

両家の実家が集まり子どもを囲むことにまつわる願望や怖れは、結婚というものがもつ深い本質に触れています。新しく親となった二人は、自分たちの核家族を築き、それをある程度優先してゆかねばなりません。それは二人とそれぞれの実家の両親との距離をはっきり確立し、維持してゆかねばならないことを意味します（まだ十分確立できていなければですが）。それは、ダイアナにとっては簡単な仕事でしょうが、エミリー（第１章「エミリー――至近距離からの見方」のお母さんです）にとっては大変な仕事になるでしょう。そういうエミリーの葛藤は、彼女が出産数か月後にみた夢の中にも、すでに表れています。

とても混乱する夢でした。母と祖母と妹と私、それに赤ちゃんがいました。みんなビーチの更衣室で、シャワーを浴びていました。でも、みんな年齢がころころ変わっていくんです。だからあるときには、祖母が赤ちゃんを連れた若い女の人になっていました。それでその赤ちゃんは……あれ、分からない……私だったかしら？　私の娘？　母？　それで私と母は祖母より年上になっていて、それを見ているんです。するとまた変わって、妹と私が幼い少女になってビーチにおり、私は一九二〇年代に流行《はや》ったような古くさい、全身真っ黒のワンピース水着を着ていて、他の誰かが赤ちゃんの面倒を見ているんです。変な夢でした。楽しくやっていたんだけれど、でもどこか落ち着きませんでした。

エミリーの夢では、どこで一つの世代が終わって次が始まるのかが分かりません。そして実に、これこそが彼女の問題なのです。彼女は自分と新しく生まれてきた赤ちゃんとが実家の懐《ふところ》にとどまるものと無批判に考えています。娘という立場でなく、彼女自身独立した一人の母親であるという立場を明らかにすることから生じてくるかもしれない緊張に、彼女はまだまったく気付いていません。そればかりか、自分が築いていく新しい核家族の、実家における位置づけということについても、まだじっくり考えてみたことがありません。だから彼女の赤ちゃんは、こういう中で演じると想像される役割というものをもっていないのです。今後、家族内で彼女が果たすべき複数の役割がぶつかり合うことによる緊張が、当然生じてくるでしょう。そのときエミリーは、自分が実家と干渉し合うような状況をつくりだす役割を、赤ちゃんに押しつけぬよう気をつけねばなりません。

✦家族神話内での役割

家族というものは、家族一人ひとりの生き方を一つにまとめあげるために不可欠な、自分たちについての神話をつくるものです。生まれてくる赤ちゃんは、こういう家族神話や家族ドラマの中で、特定の役割を割り振られるかもしれません。たとえばその一族の分家間で深刻な確執が続いている場合、ある分家は「家族の仇討《あだう》ち役」を必要とするかもしれません――過去の過ちを正し、家族を再興し、家族の失われた繁栄を回復してくれる誰かをです。

ほとんどの一族には、分家間で不平等があります。たとえばかつて祖父母にとっての初孫であった伯父がいたとすると、その妻子はみな他の兄弟の家族よりよい家族とされたり、特別視されるかもしれません。こうした評価の差はみんなに気づかれていても、親族の危機のとき以外、普段は決して話題にされません。その伯父の弟家族にしてみれば、授かった赤ちゃんが超人的な運動選手や有名人、天才あるいは大実業家に育つなりして、自分たちを日の当たる場所に連れ出してくれるかもしれないと、どうしても空想しがちになるのです。

他にも世代を超えて受け継がれる役割というもの、その多くは家族全体のバランスを保つためにその一族のメンバーがどうしてもはまりがちになるような、そういう役割というものが存在します。たとえば一家の厄介者とか、美しいが罪つくりな妖婦《ファム　ファタール》とか、結局は失敗する期待の星とか、一家の知恵者とか、英雄とか、一家の救世主とか、一家の相談役とか、一家の「新聞社」（みんなに吹聴されると承知の上で、誰もが個人的なことを打ち明けるような相手）とか、みんなをまとめる一家の精神的支柱とか、一家の道化役とか、家族のみんなにいつもいきいきしたやりとりを保たせる「かき回し役」とかが、家族には必ずいるものです。下の世代を、こうした役割の一つへと導く無意識的な傾向が、家族内にはしばしば存在しています。

もし状況が整うと——つまり、もしそういう役割のポジションに「空き」があり、赤ちゃんの性別もそれに合うなら——、新しく生まれてきた赤ちゃんは、○○の跡継ぎということにされてしまいます。こういうお決まりのパターンから抜け出して、その赤ちゃんが自分自身のアイデンティティを確立するには、ときに相当の努力が必要になります。

あなたの空想や、願望や、怖れや、過去の歴史が入り交じってできてくるような想像上の赤ちゃんは、まだまだたくさんあります。「遊び友だちとしての赤ちゃん」「生涯の恋人としての赤ちゃん」「あなたの分身としての赤ちゃん」「あなたの女性性や創造性のあかしとしての赤ちゃん」「あなたを一人の人間として完成してくれるものとしての赤ちゃん」「失った恋人との間に授かることを夢みていた赤ちゃん」などなど。強調しておきたいのは、こうした想像上の赤ちゃんはすべて心がつくりだすものとして、まったく正常だということです。というのも心は、変化をもたらすような人生上の出来事の一つに、何とか対処しようと格闘しているのですから。けれども、考えが足りなかったり行き過ぎたりすると、想像上の赤ちゃんは、あなたの現実の赤ちゃんを、重すぎる役割や不適切な役割に追いやってしまい、問題が生じかねないのです。

自分が青写真を用意しているのを、自覚しておくのが大切です。というのも、もしそれがひとたび意識できさえすれば、それを避けるのか、それとも実現していくのかをあなたが決められるからです。子どもが自分の将来に向けた最良の計画をたて、それを実現するために、その青写真が役立つこともあるかもしれません。しかし母親は自分の青写真を脇に置き、その子が実際には何者なのかをちゃんと見ることもできなければなりません。あなたが思い描く赤ちゃんや家族は、予言されたがゆえに実現してしまう、いわゆる「自己実現的な予言」となるのです。自分の青写真をしっかりと自覚し、本当にそれが子どもに対して望んでいることなのかどうか見きわめるのは、あなたの仕事です。

こうした理想が形づくられてくると、母親アイデンティティの準備期は終わりに近づきます。現実の赤ちゃんと母親と父親、それに、将来の青写真（これから各メンバーが果たすだろうと思い描かれた役割）とが出そろいました。今度はあなたが本当の意味で母親となる実際の様子を見てゆきますが、そこでは母親としてこなさねばならない基本的な仕事が、あなたのアイデンティティを鍛え上げてくれます。

第Ⅱ部　母親が生まれる

第4章
赤ちゃんの命を守る

生まれたばかりの赤ちゃんを連れて自宅に帰るとすぐあなたは、心の準備ができていようがいまいが、とにかく赤ちゃんのお世話という基本的な課題にぶつかります。母親はみなその基本的課題と格闘し、そして成功せねばなりません。何としても赤ちゃんは生きて、力強く成長せねばならないのです。親としてのこの一番の責任と出会うことによって、ついにあなたは新しいアイデンティティを獲得していきます。新しく与えられたこの責任を果たす中で、あなたは本当の意味で母親になるのです。

母親としてまず避けて通れない責任は、赤ちゃんの命を守ることです。出産後数分後からあなたは、自分の子孫の命と成長を保障することを要求されます。私たちの社会は、この明白で動かしようのない事実をついつい忘れがちになり、この課題のもつドラマ性や重要性に気づかず、当たり前であるかのように思いがちです。しかし母親自身は、そのことを痛切に感じ取ります。生まれたばかりの赤ちゃんと生活する中で、あなたははかない命が自分にかかっているという事実をしょっちゅう突きつけられますから、自分が単にその子を死なせないというだけでなく、ちゃんと育ててゆけるのだろうかと思わずにはいられないでしょう。

　なぜこのことがあなたにとって最優先の課題になり、それほど重要なことになってしまうのでしょう？　個人を生き延びさせ、その遺伝子を（子孫という形で）保存していくことは、あらゆる動物に自然が課してくる最大の責任です。これが、種を再生産し繁殖させなければならないという私たちの要求を、背後から突き動かしている力なのです。これを保障するために動物としての人間には、次世代に遺伝子を確実に伝えられるような本能が授けられているのだと、生物学や心理学のあらゆる理論は告げています。

　つまり、まず私たちには自己保存本能が授けられているので、生殖可能な時期まで生き延びることができます。次に、異性との関係に入れるような社会的な本能のため、求愛や生殖が可能になります。そしてもちろんご存じの通り性本能が備わっていますから、それが種の存続を保障しているのです。

　こうした本能のプロセスがすべて成功したとしましょう。するとどうなるでしょうか？　赤ちゃんを授かるのです――最終的な成果として。けれども私たちの中に、生まれた子の世話をする方法が刻み込まれておらず、その子自身の生存本能が働き出すのを待たねばならないとしたら、一生かけて働いてきた私たちの本能は、まったく無駄になるでしょう。だからあなたは母親として、尊い進化の鎖に欠くことのできないつなぎ目を、自然と提供しようとするのです。心配と疲れを抱えながらも、赤ちゃんを守り世話するために平凡な日々の営みをこなしている母親は、自然の大いなる計画を実現するための一番大切な役割を果たしているわけです。

これまで私が話してきたことは理論ですが、その理論は赤ちゃんと過ごす日々の生活に、非常に現実的な形で現れることになります。母親業が並外れた経験である理由は、それが女性をまったく新しい関心事にいやでも没頭させ、これまで経験したことのないような衝動で突き動かし、行動させるためでもあります。

赤ちゃんの命を任されるという驚くべき現実は、ほとんどの母親たちに強い衝撃を与えます。医療や家族のバックアップはあり、お世話の仕事は一部夫にも任せられるものの、それでも文化は母親であるあなたを、責任ある保護者として指名してきます。何かうまくいかないことが起こったら、最終責任はたいていあなたにかかってくるのです。この現実こそが、新たに母親となった人の経験のうちで最も抗しがたい、生々しい事実です。

出産後まだ病院にいるうちに、このことに気づくお母さんもいます。また別のお母さんは、看護師や実母が引き揚げてしまった一週間ほど後に気づきます。この衝撃的な気づきは、まったく日常的なもろもろの瞬間が引き金となって生じることもあります。たとえば赤ちゃんを抱き上げて、どんなに小さくはかない存在であるかを感じるとき。また眠っている赤ちゃんのちっぽけな胸が、呼吸につれて上下するのを見つめているとき。けれどもそれがいつであろうと、この恐ろしいくらい重大な責任に気づくことで、あなたの世界は永遠に変わってしまいます。

子育てが始まったばかりの頃のこうした責任とそこから生じる心配について、もっとくわしく見てゆきましょう。

赤ちゃんを死なせないでいること

新米のお母さんが最初に、そして一番心配することは、赤ちゃんの息が止まってしまわないかということでしょう。自宅に帰って過ごす最初の幾晩か、時にはそれ以後もしばらくの間、この心配のせいで母親は何度も眠っている赤ちゃんのもとに駆けつけます。翌朝になれば笑い飛ばせるかもしれませんが、しかし前の晩にあなたを赤ちゃんのベッドへと駆り立てたこの切迫感は、悪い予感に満ちた強力かつ深刻な切迫感で、強烈な不安をいやでもかき立てるものでした。

姉が乳幼児突然死症候群で赤ちゃんを亡くしたばかりというある母親は、赤ちゃんを連れて家に帰った後、次のように語ってくれました。

赤ちゃんが生まれると、子ども部屋で赤ちゃんに起こっていることを確実に聞けるように、ベビーモニターを買いました。たぶん、姉の一件もあってのことでしょう。赤ちゃんを昼寝のためベッドに寝かしつけ、モニターを台所に持って入ったのを思い出します。自分を心配性とは思いませんが、でもきっと無意識に赤ちゃんの寝息を耳で追いかけていたのに違いありません。だって突然寝息が聞こえなくなったり不規則になったりしたら、階段を駆け上がってすぐ見に行こうと思っていましたから。時折部屋に行っては、この子の背中に手を当てたり口元に耳を近づけたりして、息をしているか確かめている自分がいました。時には階段を駆け上がってきた自分の息が荒すぎて、赤ちゃんの寝息が聞き取りにくいことすらありました。

たいていの新米のお母さんは、自分の不注意や間違った世話のせいで、赤ちゃんを死なせたり傷つけたりしないかと怖れます。自分が目を離したすきに、赤ちゃんがおむつの交換台から真っ逆さまに転落するのではないか、あるいは石けんで滑りやすくなった手から湯船の中に滑り落ち溺れるのではなどと心配したことはありませんか？　赤ちゃんを湯船から上げるときに頭をひどく打ち付けるのではないか、毛布にからまったり枕の下敷きになって窒息しはしないか、と。また、赤ちゃんと同じ布団で寝ているときに、夫や自分の下敷きになり腕を折るのではないかと心配したり、着せすぎてうつ熱になったり、逆に薄着させすぎて夜の間に凍えてしまうのではないかと（特に窓を閉め忘れたときなど）心配したことがあるかもしれません。これは新米のお母さんを注意深くしてくれる自然な心配であって、よいほうに働けば赤ちゃんを守り、お母さんが新しい責任を引き受けていくプロセスを後押ししてくれます。しかしいっぽうで、こうした心配は奇妙な形で表れることもあり、たとえば赤ちゃんを抱いたり触ったりするのを誰になら許せるかについて、ひどく気をもむようなこともあります。この小さな存在の最終責任を負っているのはあなたですから、ある人が自分の赤ちゃんにとって安全なのか、それとも害をなす危険があるのかを感じ取る自分の感覚に、非常に敏感になっても不思議はありません。こういう感情が、親戚や友人に対するいつもの自分の礼儀正しい態度をしのぐほどになると、あなたは自分でもびっくりするでしょう。自分の赤ちゃんを抱かせてよいと思えるかどうかは、相手があなたの中に引き起こす安心感によって決まるのであって、どのくらい親《ちか》しい関係かによって決まるわけではありません。こういう判断はほとんど直観的ですが、それが家族の間でやっかいな問題を引き起こすこともあります。

ある母親は、こういう出来事を思い出しました。

　家族でおつきあいしている女性でモース夫人という人がいるのですが、大変おしゃべりで、両手をそわそわいじりまわす癖のある人でした。相当扱いづらい人でしたが、ご主人は町の重鎮なので、町の人は彼女を丁重に扱っていました。さて、私が実家の母を訪ねているとき彼女がやってきて、赤ちゃんを抱っこしたがることがありました。母は抱いていた坊やを、モース夫人に渡しました。赤ちゃんは大きな目で彼女を見上げると、次の瞬間顔をクシャッとさせて泣き出しました。彼女は「泣いちゃダメ、泣いちゃダメよ」と言いながら、赤ちゃんを小刻みに揺すりはじめました。
「お腹がすいてるんです」。急に私はそうピシャリと言い放つと、彼女の腕から坊やを奪って、別の部屋に引き揚げてしまいました。まったく失礼な振る舞いでしたが、私は平気でした。あの人になんか、自分の赤ちゃんを抱かせたくはなかったんです。

　たとえそれがほとんど危険でないような状況でも、こだわりすぎなほど赤ちゃんを守ることに没頭してしまうのも、まったく理解できることです。ほとんどの女性はこれまでの人生で、これほど激しい愛や心配の気持ちを経験したことはないと言います。

赤ちゃんが生後三週の頃、私は前がけの抱っこひもで赤ちゃんを抱いて、昼食を取りに通りに出ました。都会暮らしなので、歩道はあちこち急ぎ足で行き交う人びとであふれていました。交差点で信号が変わるのをしばらく待ち、私は通りを渡りだしました。正反対からこちらへ向かって、人が流れてきます。その中で、一人の男性が私の視線をとらえました。彼は足早に歩いていましたが、突然向きを変えて私のほうへとまっすぐ向かってきたのです。赤ちゃんにぶつかる！と思いました。とっさに両手が胸の前に出、娘を守ろうとその男性の喉元をつかんでいました。男性は一瞬のうちに通り過ぎ、どこかへ去ってしまいました。たいへんな情緒が、三秒ほどの間に私の中を駆け抜けたのです。その中には、必要とあらば相手を殺すことも辞さないという覚悟すらありました。

こういう恐ろしい考えも避けられぬものでしょう。生存の最終責任を担っている経験の浅い母親の目には、生まれたばかりの赤ちゃんは、はかなく傷つきやすいものにうつります。経験を積んで初めて、赤ちゃんの強靱さが分かってくるのです。医学部最初の数年間、私は人間の経験しうるありとあらゆる故障や重病について学びました。誰にせよ実際に一生を生き通すなどということは奇跡に思えました。次の数年間で今度は教室を離れ臨床経験を積むようになると、私はむしろ人体がいかに抵抗力をもち、タフで、うまく適応を果たしているかということに驚きを感じるようになりました。病気や死は、実は強靱なつくりの人間との激闘をもて余しているのです。しかし母親となったばかりの人が、こういうことを本当に理解するのは難しいでしょう。

赤ちゃんが生き延びられるかどうかという心配は時がたつにつれ薄れますが、しかし完全にはなくなりません。いろいろな心配の背後に退いただけです。そうした心配はまた、子どもの年齢にあわせて変化していきます。つまり、何にでも手を出す二歳児の母親なら「誤ってコードで首を絞めるのでは」とか「コンセントに指を突っ込むのでは」と心配するところを、小学校中学年から高学年くらいの子のお母さんなら、誘拐や交通事故を心配するわけです。ある程度の怖れはいつも心の奥に潜んでいて、状況によっていつでも復活してきます。

赤ちゃんをいきいきと育てること

主な心配事として二つ目のものはたぶん、赤ちゃんの体重をうまく増やし、健康に育てられるかどうかということでしょう。新米のお母さんたちはみんな、こんなふうに自問します。いったい私はおっぱいのあげ方をちゃんと分かっているのかしら？　お乳は十分出ているのかしら？　赤ちゃんがお腹いっぱいになったら、私にも分かるだろうか？　赤ちゃんのサインを読み取って、うまくおっぱいをあげられるかしら？　私の乳首と赤ちゃんの口の形は、何とかうまく合ってくれるかしら？　ひょっとして赤ちゃんが、母乳アレルギーだったらどうしよう？　おっぱいの出が早すぎてむせたり、逆に遅すぎて不満だったりしていないかしら？　脱水にならないだろうか？　病院に戻る羽目になるのでは？　こういう疑問が、母乳であろうが人工乳であろうが起こってきます。たとえ赤ちゃんが固形物をとれるようになってもまた、こうした疑問は浮かんでくるのです。

授乳の場合にも、赤ちゃんの命の心配と同じように、あなたは自分でもどうしようもない力に振り回されます。その力とは何でしょうか？　まず（絶え間ない泣き声、心をとらえるほほえみといった）赤ちゃんの示すシグナルをとらえる感受性が高まります。こうしたシグナルに対する感受性を鈍らせたり、そのボリュームを下げたりはできません。母親になったあなたは、鋭くなった自分自身の感受性に従うしかない状態にあるわけです。次に、赤ちゃんの頭を抱いたり、あるやり方で優しく撫でたり、おっぱいのほうに顔を向けてあげたりしたくなるような、あなた自身の中に生まれつき備わった衝動があります。そして最後には、社会から課される期待で、あなたも進んで応えようとしてしまうような、そういう強い期待が存在します。こうしたものが一緒になって働けば、夜中であろうがどんなタイト・スケジュールであろうがどんなに疲れ切っていようが、何週間もぶっ続けで飛び起きることになっても不思議はありません。周囲で何が起ころうが、赤ちゃんの授乳と睡眠のスケジュールに合わせてあなたの毎日は回ることになります。しかし驚くことはありません。授乳と体重増加にまつわるすべてのことが重視され、特に心を傾けられるのには、深い意味があります。結局のところ赤ちゃんの命は、赤ちゃんの確実な成長にかかっているのです。

あるお母さんはこのように語りました。

……………………………

まだ生後一週の頃、息子の体重が減りはじめました。先生に「もっと増えないといけないのだが」と言われたとき、その声は心配げに響きました。それで私はパニックになったのです。しかし取り乱せば取り乱すほど、ますます乳の出は悪くなり、息子はすぐに出生体重にまで戻ってしまいました。すると病院のほうでもますます大変だということになって、人工乳を補うことになりました。あんなに心細い思いをしたのは生まれて初めてです。私は愛しい赤ちゃんの大切な命を、どうにかして守ろうと授乳のことばかり考え、なんとかお乳をあげようとしたりゲップをさせたり、体重がいくらになったかということばかり考えていました。

坊やが初めて嘔吐したとき、私は縮み上がりました。「この子はきっと食べられなくて、なすすべもなく弱っていくんだわ」と。病院からは発育不全と言われ、私はただもう子どもの体重を増やすことしか考えられなくなりました。それまでは髪型や服装に気をくばるほうでしたが、このときばかりはどんな見てくれだろうがかまわなくなりました。来る日も来る日も同じ服装でうろつきまわり、ただただ息子を抱きしめていました。坊やがやっとのことで三六〇〇グラムに達したとき、私は先生の診察室で、感極まって泣きました。この子が食べてくれさえしたらと、それだけだったのです。

母乳か人工乳か、混合栄養にするかといった一見単純な決定に、しばしばまったく感情的になってしまうのも無理ありません。同じ理由で、「あら、この坊やはあんまりぽっちゃりしていないわね？」「この子のほっぺ、もうちょっとお肉がつくといいのに」などという実家の母からの何気ない一言も、心の中でどんどん肥大してしまいます。笑い飛ばそうとしても、こういう発言はあなたが一番思い詰めていることの核心を直撃するので、どうしても母としての自分の能力が、ひどく非難されたように聞こえるのです。時にはこうした一言が、しこりを残したり家庭不和へと発展したりして、その後何年にもわたって尾を引くこともあります。それというのもここで問題になっていることが、そもそも

あまりに決定的なことだからなのです。あなたはこれまでやったことのないことをやろうとしているので、自信に傷をつけられるような兆候が少しでもあれば狼狽するし、耐えられないのです。

ある母親は、娘を産んで間もないある午後に起こった、ほとんどバカバカしいほどの出来事の中で、自信を失いかけている自分に気づきました。

初めて娘を連れて用事に出かけるようになった頃、私は彼女を前がけの抱っこひもに入れて連れ歩いていました。その年初めての暖かい日のお出かけで、私は生まれたばかりの赤ちゃんと、日差しを浴びてワクワクしていました。すると図書館で、ある見知らぬ女性が近づいてきました。「ちょっと」と彼女は言いました。「赤ちゃんが風邪をひくかもしれないでしょ？　すぐに靴下をはかせて」。私は慌てて鞄の中の靴下を探りあてると、急いで娘の小さな足にはかせました。

その後家に帰る途中、私は道路を渡ろうとして、歩道に立っていました。赤ちゃんを見つめてほほえむ人たちには慣れっこになっていたのですが、近くにいたある男性が、娘のことをとても気にする様子でした。とうとう彼は私のほうにぐっと身を乗り出して言いました。「どうも初めてのお子さんのようですね。靴下はすぐに脱がせたほうがいいですよ。暑すぎますから」。またもや慌てふためいて、私は道路を横断する前に、娘の足から靴下をもぎ取りました。

アパートの自宅に帰りついて私は、もう他人から助言されることはないとほっとしました。赤ちゃんを昼寝させるためベッドに寝かせて、自分は隣の部屋に行きました。泣いていましたが、何分かそのまま一人にしておけば寝入ることは分かっていました。そのとき誰かが寝室の窓を叩くような、耳慣れない音がしたのです。あり得ないことでした。だって私たちの部屋は四階だったのです。急いで寝室に戻った私は、ペンキ塗りの刷毛を片手に、寝室の窓の外でバランスを取っている窓拭きの男性を見て仰天しました。その人は片手で刷毛を握りながら、もう片方の手で窓をコンコン叩いていたのです。

私が部屋に入ってきたのを見ると、彼はニンマリ笑って赤ちゃんを指さしました。「赤ちゃんが泣いてますよ」と彼は窓の外から口パクで、知らせてあげられてとても嬉しいという様子で言いました。私はほとんど泣きそうでした。他人がアパートの壁をよじ登って中吊りになりながら指図しなければならないほど、私にはお世話の才能がないの、って。

私には母親としての才能が備わっているの？

赤ちゃんの命と成長に最終責任を負うことは、大変な力で心を揺さぶってきます。というのもそれは、次のような根本的な問いに触れてくるからです。それは「自分は人間という動物として、つまり再生産し種として存続できるよう自然によって巧妙にデザインされた生命体として、ちゃんと成功できるだろうか？」という問いです。もちろんあなただって、こういう台詞をブツブツとくり返し自問しながら行ったり来たりはしないでしょうが、しかしこれは新たに母親となった女性が抱く、多くの日々の不安の根底にある問いなのです。

ではあなたは、生まれつきちゃんとした才能の備わった動物でしょうか？　あなたには次世代を産み、その家系の遺伝子を繁栄させる能力があるのでしょうか？　これほど重大な問題は、そうありません。また、口にされることはないものの、関係者一同（つまりあなたや夫や親族たち）にとって、あらゆることの根本にあって何より重要なのがこの問題であるのは明白です。あなたはいわば生物学的機能というこの最も基本的なテストを受けていて、自分がうまくやれることを証明せねばならないわけです。

初めての母親業と苦闘している最中には、このような一般的な問いをたてて、意識的に考えることなどできないでしょう。そんなことをすればきっと爆発してしまいますから。それでもこういう問題は、これまで考えたこともなかったようなある基準、どこからくるのかも分からないようなある基準にのっとって動くように、あなたを駆り立てるでしょう。これは恐るべき責任です。

私たちの世界では、職場で失敗するだけでも悪い評価を受けます。社会的存在として失敗するだけでも致命的なことです。しかし、人間という動物として失敗することは、ほとんど考えられないほどの失敗なのです。多くのお母さんたちは、野生の犬猫や鹿といったほ乳類が、子育ての仕方をちゃんと知っていることに驚嘆します。そして「同じように自分にも、赤ちゃんの命を健康に育めるような、動物としての本能が自然に備わっていてほしい」と痛切に願うのです。お母さんたちは、これまで学んできたことでは十分でないような、未知の状況に自分が分け入りつつあるのを知っています。そして、これからは親としての直観とも言うべき、未知の知恵袋に頼るしかなさそうだとも知っているのです。それが自分の中にちゃんとありますように、また十分なものでありますようにと願いつつ。

母親の心配を別の角度から見る

赤ちゃんは無事に育っていくだろうか、人間という動物として自分にはちゃんと適性があるだろうかという心配は、正常なものであるばかりか、必要な心配です。それらは赤ちゃんに迫る危険や、保護者であるあなたを妨害するものに対して、あなたに怠りなく注意させるという重要な役割を果たします。なんといってもこうした危険は、まれにせよ現実にあるわけですから。母親がこうした「有意義な」怖れによって行動を起こすことにより、事故や失敗は減り、赤ちゃんを守るセーフティ・ネットが整います。

そもそもこういうものを「怖れ」と呼ばなくてはならないのかという疑問さえ生じます。確かにそれは怖れのようですが、母親でない人には分からない、親だけが感知できるような警告信号への反応でもあるのです。「警戒反応」と言ってもいいかもしれません。進化の過程で人間を含む動物たちは、捕食者・高所・水・怪しい他者・悪い食べ物・とがった物体、それにその他の自然の危険を宿しているものに対して、たえず警戒している必要がありました。今日では、私たちを狙う自然の捕食者はほとんどいません。しかしその代わり、高いおむつ交換台、赤ちゃんに目配りしきれないほど遠くの部屋にあるベビーベッド、湯船、人工の製品に対する反応など、新しい危険がとりまいています。こういうものは赤ちゃんを危険にさらす、新たな捕食者なのです。母親は、それがちょうど野生のライオンやオオカミであるかのように反応しているわけです。

長い間、精神保健分野の多くの専門家たちは、「赤ちゃんの窒息や転落や取り落とし（要するに死）に対する怖れは、大部分が母親の陰性感情か、赤ちゃんを傷つけたり厄介払いしたいという無意識的な願望の表れである」と主張し続けてきました。あらゆる親密な関係には愛と憎しみが混じり合っているという考え方は、ほとんどの心理学理論に受け入れられています。しかし、母親の警戒反応（怖れ）を愛と憎しみの入り交じった感情（アンビバレンス）の現れとして解釈することは、理論の誤った使い方であり間違った判断で、役立つよりむしろ破壊的であると思います。そんなことをしても母親を傷つけ、深い水準で自信を失わせるだけです。

確かに一部のお母さんには、そうした怖れが強すぎたり生々しすぎて、もはや有意義とは言えないようなひどい不安を生じることがあります。特にそのお母さんに、こうして怖れている感情に従って行動してしまいそうな衝動があるときは、非常に不安になります。泣き叫ぶ赤ちゃんをなだめられなかったり、母親自身の欲求不満やアンビバレンスのせいで子どもを黙らせようとして揺さぶって、致命的な身体的損傷を与え、時には死なせてしまうお母さんもいることは、ご存じの通りでしょう。しかしこれは、資格をもった専門家から手厚い援助を受ける必要のある女性たちです。

たいていの場合は、警戒反応や怖れの感情は母子の味方であり、建設的で保護的なものとして耳を傾けるべきものです。母親がいろいろ怖ろしいことを想像してしまうのは、赤ちゃんの命を守るための、自然のはからいです。確かにその精神的緊張はつらいものの、その怖れは実際には、母親の味方なのです。

ハンナのお母さんはこの高まった警戒感を、次のようにうまく言い表しています。

……　以前は気にならなかった些細なことにもギョッとするようになりました。前なら気づきもしなかったのに。まるで、赤ちゃんのハンナを傷つけるかもしれないものなら、何でもキャッチするアンテナができたみたいです。ゆうべは居間で本を読んでいたのですが（もちろんほとんどうた寝しながらでしたけれど）、ハンナが寝ている二階へと、ネコが階段を上がっていくのに気がつきました。そんな寝ぼけ頭でも「ネコがベビーベッドの上に飛び乗って赤ちゃんを窒息させるかもしれない」ということが浮かびました。急にシャキッと目が覚めて、私は階段を駆け上がり、ネコを寝室から引きずり出しました。私って頭が変なのか、それとも何なのかしら？　でも結局それで済んだのだから、頭が変であろうがどうだろうがかまわないんですが。

疲れ、火の試練

新たに母親となったあなたは、怖れのみでなく疲れもまた、出産直後の数週から数か月の大きな敵であると知るに違いありません。疲れについて理解し、何が疲れを蓄積させ、そこまで深刻化させるのかを理解するのが大切です。まず圧倒的多数の家庭においては、あなたのような母親が第一の養育者であって、赤ちゃんに対する最終責任を担っていることを思い出してください。これは自らおこなうにせよ誰かに任せるにせよ、あるいはただ受動的に赤ちゃんのことで頭が占められているだけにせよ、あなたが二四時間常に職務中の状態であることを意味します。たとえ赤ちゃんがよい世話を受けていても一年目の間は、赤ちゃんから解放されたとしてもせいぜい一時のことで、決して純粋な休暇とはいきません。もしあなたが夜に外出したり休暇で家を離れるようなときには、いつも家に電話するようにすると心配が減り、気をもんで過ごす時間に区切りが付けられます。

新しく母親となった人がそんなにも疲れ果ててしまうのは、一つには非常に幼い赤ちゃんが、予測のつかないものだからです。出産後自宅に帰って一週間の時点では、次の一五分間に赤ちゃんが何をしているかは予測できません。数週間からひと月たつと、これから一時間で起こることはある程度予想しやすくなりますが、いつもそうとは限りません。何か月も経って初めて、食事・睡眠・活動のサイクルが十分定期的になり、母親が自分の疲れをどう癒したらよいか、計画的に考えられるようになるのです。

疲れの問題は、仕事に復帰してもめったに解決しません。多くの母親は仕事に戻ると（たとえきつい仕事でも）、赤ちゃんのお世話によるひっきりなしのプレッシャーから一時的に解放されたと感じますが、それでも疲れの問題は決して克服できません。ある母親はこう言っています。

赤ちゃんが三か月のとき仕事に戻りましたが、そのときも、一晩に何度も赤ちゃんに起こされていました。そのうち赤ちゃんが風邪をひいてさらに寝づらくなり、私はこれまで以上に起こされるようになりました。私は疲れ切り、顔はむくんで、自分が歯磨きを済ませたかどうかも分からなくなっていました。こういうことが数日続いた後、せめて夫だけでも眠れるようにと、私は赤ちゃんと一緒に居間に移ることにしました。ある夕方、私は完全に服を着たままカウチの肘掛けに頭をもたせかけ、赤ちゃんを胸に抱いた格好で、六時に寝入ってしまいました。なりふりかまっていられなかったのです。一晩ぐっすり眠るためなら、私はどんな大金でも支払っていたでしょう。

母親業がひどく疲れやすいもう一つの理由として、「母親というものは、すべきことが分かっていようがいまいが、いつでも対応でき、行動できるもの」と期待されることがあります。たとえ家族や友人に何かの仕事を任せていても、最終責任は母親にかかってきます。生じうる出来事に備えられる手段が何一つなくても、今後起こってくる状況をある程度予測できるようになるための職業訓練すらないままに、重い責任を引き受けねばならないところが、こうした状況のつらさです。この絶え間ないプレッシャーのつけは、疲れとなって現れます。

ある母親はそれを次のように描写しました。

> うちの子は最初の一か月間というもの、ずっと二時間おきに目を覚ましていました。私は疲れ切り、寝られないことがこんなに続けば気が変になると本気で思いました。夫は仕事に戻っていましたから、私は昼も夜もひたすら寝て、授乳して、寝て、授乳してをくり返していました。もう昼も夜もありませんでした。考えられたのはただ、彼女はあと二時間で目を覚ますから、私も寝られるうちに寝ておいたほうがいい、ということだけでした。ある日の深夜四時過ぎ、夫が目を覚ますと私はベッドの上に伏せって、まったく疲労困憊して泣いていたのです。

ほとんどの女性はこれまで経験したことのないような、慢性的なレベルの強烈な疲れを感じます。そのうち分かるでしょうが、この疲れは逃れようのないものです。赤ちゃんの健康や安全への心配と愛情に駆り立てられて、立ち止まったり赤ちゃんの求めを無視することはできないのです。疲れのために混乱し、弱り切って、この時期の母親はしばしば気が変になりそうに感じます。これは母親に課せられる、火の試練です。

ですから眠れるときにはいつでも眠ってしまいなさいと、経験の声があなたにささやいたとしても不思議はありません。あなたや赤ちゃんにとってどうしても必要なことでない限り、活動よりも睡眠を優先しましょう。あなたがいきいきできなければ、赤ちゃんがいきいきできるはずがないのですから。

初めの何か月かが過ぎて火の試練が終わり、日常生活のリズムが戻ると、ほとんどの母親たちはこの初めの時期を、混沌としたものとして振り返ります。喜びと感謝、それに心配や怖れや疲れやらが、切れ目なくごちゃまぜになっていたと感じるのです。そこを切り抜けられたことに、自分でも驚くでしょう。何週間、何か月と目立った問題もなく子どもが成長していくと（ほとんどの場合、ちょっとしたデコボコはありながらもこのように進むものです）、あなたは火の試練を乗り越えて、ついに母親として十分な基本的能力があると認められたことを、暗黙のうちに知るのです。

あなたは命を守り育てるという最初の基本的な責任にぶつかり、それを無事まっとうする中で、自分が人間の母親として適格で有能であることを知ります。このような苦労を経て得られた自己認識は、母親としての自覚を支える礎《いしずえ》となります。母親としてのアイデンティティは厚みを増し、また一つ成長します。それは音もなく形を成すけれども、来るべき母親業にとってかけがえのない基盤となるような、そんな成長なのです。

第5章 愛する責任

赤ちゃんの命を守るという具体的な仕事に加えて新米のお母さんは、生まれたばかりの赤ちゃんとの間に温かく愛情のこもった関係を築くという、恐ろしく重い責任を負わされます。両親や兄弟や恋人や親友との関係とは違って赤ちゃんとの関係は、言葉で通じ合えない相手との交流がベースになっている点で、まったく特殊です。他人に関わるとはどういうことでしょう？　あなたはそれを、基本的にどんなことだと理解してきたでしょうか？　この新しい関係を築くためには、愛について、あなた自身がこれまでの人生でつちかってきた理解に頼るしかありません。赤ちゃんとの関わりは、愛し、分かち合い、関わり、与えまた受け取るあなたのあらゆる能力を、想像以上に激しく揺さぶり引き出し、問うてくるでしょう。

母となったあなたが赤ちゃんに関わり赤ちゃんを見守るときには、あなたらしいやり方が生まれてくるでしょう。それはあなたの人となりの一部であり、赤ちゃんと遊ぶときにも授乳するときにも、話しかけるときにもしつけるときにも、何につけてもあなたらしいやり方がどこかで貫かれているはずです。赤ちゃんと接するときあなたは、自分の本性をいやでも突きつけられます。それがこうした母子交流のもつ威力なのです。あなたはこれをチャンスと感じるかもしれないし、逆に失望することもあるかもしれません。しかしどのみちそれは必ず、暴かれるような経験になります。

母となるまでは、あなたはきっと自分の性格《パーソナリティ》のほとんどの面を、当たり前のこととしてきたでしょう。しかし母親になるとあなたは、普段は表面化しない自分の性格のいろいろな面――自分の人間関係の築き方――を再検討しなければならなくなり、いったい自分はどんな人間なのだろうと何度も自問したくなるでしょう。疑問に思ったり考え直したり、ことによると自分を変えねばならないことも多いに違いありません。自分を変えるためには、内省する時間があったほうが容易でしょう。そういう内省のときにあなたは、自分の人間関係のもち方や、それが赤ちゃんとの関係にどう持ち込まれているのかを考えていくことになるでしょう。

赤ちゃんとの愛情や愛着を育んでいこうとするときには、いろいろな疑問が生じてきます。「私は子どもを愛せているだろうか？　そもそも愛するつもりがあるだろうか？」「赤ちゃんは私を愛してくれるだろうか？　そして私はその愛を感じ取り、受け入れることができるだろうか？」「この赤ちゃんを本当に自分の子と認め、そう確信できるだろうか？　そしてまた、私は赤ちゃんに母親として積極的に受け入れられたと確信できるだろうか？」「私には赤ちゃんと、ちゃんとした関係を結ぶ力があるのだろうか？」　そして極めつけに、「私には母親として天性の素質があるのだろうか？　母親として必要な力が、ちゃんと備わっているのだろうか？」と。

心理学者によるとこうした問題の核心は、あなたが赤ちゃんと「妥当な一次的関係性」が確立できるかどうかだとされます。この用語を理解するにあたって、まず「妥当な」という語から見ていきましょう。この語は、完璧な育児などというものはないことを認めています。むしろ、たいていの母親が提供するものは、子どもの正常な発達にとって「ほどよい」に過ぎないのです。そう知るとあなたはほっとするかもしれませんが、実際完璧な母親などというものは存在しないし、たとえ完璧であったとしても、それはかえって子どものためには良くありません。

こういうことを申し上げるのは、くり返し起こる欲求不満や母親がするタイミングのずれた行動・不器用な行動によって、子どもの側の対処能力はいやでも伸ばされるという面があるからです。これは、どんな赤ちゃんの教育にとっても大切なことです。ちょうどダンスのステップを間違ったり、やりとりの中で調子外れの対応があっても、それがちゃんと修復されるようなものです。間違いは正されうると気づき、かつどう正せばいいのかを学ぶことは、他者と生きていく上で誰もが学ぶべき基本です。あなたの赤ちゃんもまた、これを学ばなければなりません。だから、赤ちゃんとの関わりを学ぶ中で間違いを犯してしまっても、それには大きな意義があるのです。子育てにおいて私たちができる最善のことは、「私たちの犯す過ちが深刻すぎるものでありませんように」「過ちが正されないままあまりにも長く放置されませんように」と祈ることでしかないのです。

「妥当な一次的関係性」という用語についてもっと言うと、「一次的」とは、それが言葉以前の母子関係であることを指しています。さらにそれは、あらゆる親密な関係の、最も基本的な要素を含む関係性です。愛着を感じ、惚れ込み、赤ちゃんに対して共感的なスタンスをとり、赤ちゃんと同一化し、赤ちゃんのことでもの思いにふけったり無我夢中になったりというように。

赤ちゃんの命を守る責任を任されることによって、動物としての天性が試されるとするなら、赤ちゃんと愛情深い絆を結ぶ「愛する責任」は、人間としての天性を試すと言えるでしょう。

こうした母性の基本的課題、つまり命を守りかつ愛することは、お互い関係し合って進んでゆきます。たとえば赤ちゃんを愛していることは、一生懸命になって赤ちゃんを守る努力をするために欠かせない要素です。また反対に赤ちゃんの命を守る仕事に日々打ち込むことは、赤ちゃんと親しい絆を築く機会を提供し、それがより深く赤ちゃんを愛していくきっかけにもなるのです。

この章では母と子の間で日常的に営まれ、親しみと愛情を育む三つの相互交流を見てゆきます。それはあなたが自然におこなっていて、これからするような詳細な分析にかけようとは思いもしなかった活動でしょう。しかし、くわしく見てゆくほどそのすごさが分かり、そういう交流が赤ちゃんの将来にとってどんなに重要であるか分かっていただけると思います。

授乳

赤ちゃんの一歳までの生活では、母と子は基本的に言葉によらないコミュニケーションを続けます。誰かに正式に教わったことなどないのに、そのやり方は忘れません。心の中に、ちゃんと保たれているのです。あなたはそれを頼りにするようになり、それを「母親の直観」と呼ぶようになります。赤ちゃんのサインを読み取り、どんな求めにいつ応じるべきかを感じ取り、どう応じるべきかを考えだすわけです。たとえばあるお母さんと生後二か月のアンディ君の、普通の授乳風景を描き出してみましょう。もちろん「普通の」授乳などというものは、本当はありません。それぞれのお母さんと赤ちゃんが、自分たちに合った授乳のやり方を編み出してゆくものだからです。もちろん私たちの文化圏におけるほとんどの母と子が、授乳の際に赤ちゃんの月齢に応じてたどる、一般的な段階というものはあります。しかしこれから申し上げるのは一つの例であって、これが理想ということではありません。

アンディ君が初めておっぱいに食いつき吸いはじめたとき、お母さんのジョアンは特段考えてということでもなく、静かに、動かないようにしていました。この授乳最初の一、二分で赤ちゃんは、がつがつと素早く力強いビジネスライクな吸い方で、大量の母乳を飲んでしまいます。この最初の数分間、たいていのお母さんは黙って、位置を変えたり乳房やほ乳瓶を動かしたりしています。一心不乱な赤ちゃんの邪魔をするようなことは何もしないわけです。ジョアンもまさに、そのとおりにしていました。つまり何もしないで、自分が体で感じ取れないかもしれない動きがあったらすぐに視覚でとらえられるように、アンディ君を視野の周辺に入れておくようにはしつつ、どこか別のところを見つめて静かにしていたのです。

しばらくして最初の段階が終わりに近づくと、アンディ君は少しリラックスしはじめました。飲む速度はゆっくりになり、体の緊張はややほぐれて、周囲を少し見回しはじめました。激しい空腹感はなくなって、もうがっつくふうではなくおっぱいを吸いつつ、周囲を見渡したり耳を澄ますゆとりが出て、触られてもよいようになったのです。

こうした吸い方のリズムや強さの変化をジョアンは直観的に感じ取り、それに応えて行動を変えました。この第二段階では、赤ちゃんの飲む母乳の量を維持するために、彼女はより積極的な役割を取りました。実際そうしなければならなかったのです。なぜなら赤ちゃんの吸い方がだらけてきたり、周りのことに気が散ったり、「怠け」だしたり眠そうにさえなると、母親は自動的に赤ちゃんの神経系を揺さぶり起こして、もう一度集中して吸わせるよう仕向けねばならないからです。この時点でジョアンはまた特段考えるということもなしに、アンディ君の頭を抱いていた腕を揺さぶって、またひとしきり猛烈な飲み方を続けさせようとしました。

彼女はもう二回それをくり返しましたが、うまくいきません。そこでおっぱいを飲む作業にアンディ君がもう一度集中し、飛び起きて吸いはじめるように、さらに強力な刺激に訴えました。アンディ君を見つめ、話しかけはじめたのです。これで彼はまた飲みはじめましたが、それもしばらくの間だけでした。そこで彼女はさらに刺激を強めることにし、体を左右に揺すりアンディ君の頭を抱いている腕を優しくはね上げるようにしました。それは続けている限り効果がありましたが、それでもしばらくするとまた吸い方は尻すぼみになりました。もっと飲めるし飲むべきだと確信して、彼女はさらに椅子から立ち上がり、歩き回ってアンディ君に話しかけ、同時に頭をはね上げて刺激を強めました。するとまた彼は飲みました。こういうことを何分もかけてしたわけです。

ここでの母親は、オーケストラの指揮者のようなものです（あるいは本当の指揮者は赤ちゃんなのでしょうか？　それとも母子が代わるがわる指揮者になっているのかも？）。授乳をそこそこの速度で続けていくためには、赤ちゃんに適度に目覚め、活動していてもらう必要があるので、彼女はいわば色々な楽器（揺さぶる、はね上げる、話しかけるなど）を活用しています。作曲家のように、主旋律があまりおもしろくなくなるともう一度違う楽器で演奏してみたり、音の強さを変えてみたりするのです。

授乳の最終段階ではアンディ君はほとんど飲み終わり、ごく軽く、休み休み吸うだけになっていました。この時点では赤ちゃんは、もうちょっと飲むか眠り込むか遊びたがるか、あるいはゲップしたくなるかという辺りで行きつ戻りつしているものです。今回の授乳では母ジョアンはもうアンディ君をゲップさせてしまっており、アンディ君は眠り込む寸前でした。ジョアンはもうちょっと飲めると思ったので、アンディ君をもう少しだけ、細やかに優しいやり方で起こそうとしました。強く揺さぶって完全に目覚めさせるほど強すぎもせず（そんなことをしたらたぶん泣かせてしまうでしょう）、まったく効き目がないほど弱すぎもしない程度に、刺激しようとしたのです。

彼女は自分の左手でアンディ君の左手をとって（彼は左胸を吸っていました）、アンディ君ととてもゆっくりした手のダンスを始めました。ちょうど指でバレエを踊るようにです。特段考えるということもなしに、彼女はもう眠くなってしまった赤ちゃんにお乳を飲んでもらうために十分な程度の穏やかな刺激を、常に変化させつつ提供していたのです。そして彼が本当に眠りはじめたとき、彼女は静止しました。授乳を始めたときのように、彼女はまた一瞬静かに動かなくなり、アンディ君は完全に眠りにつきました。そうなって初めて彼女は彼を抱き上げ、一眠りさせるためベッドに横たえました。

ここまで描写してきたことは、日に何度もおこなわれる、ごく当たり前の授乳場面です。そうでありながらそれは、ほとんど意識を超えた水準で生じてくる、きわめて巧みに練り上げられた、相互交流の名人芸でもあるのです。ただし、もちろん授乳は、いつもこのようにうまくいくわけではありません。多くの場合には母親の側のやり過ぎややらなさ過ぎ、遅れ、袋小路で援助が必要になる状況、一時的な絶縁と修復といった小さなトラブルにぶつかります。赤ちゃんかお母さんがあまりにも疲れ果てていたり不機嫌だったり、また別のことに心を奪われていることもあるでしょう。それでも基本的な動きはたいていの場合、両者の直観のレパートリーの中にもともと備わっています。赤ちゃんと母親はあっという間に、二人の間で交わされるやりとりのパターンを覚えてしまいます。

授乳は自然な交流であるとともに、お母さんが自分の赤ちゃんと関わり合う能力に自信をつけるために欠かせない交流です。あなたは子どもの出すサインを読み取れるようになり、お互いに満足できる授乳にふさわしく行動できるようになるでしょう。子どもと自分がどうしたら一番しっくりやれるかが分かるようになり、子どもをその子自身として一人の人間であると考えるようになるでしょう。あなたの結ぶ母子関係は、授乳のようなごくシンプルな相互交流を基盤として築かれるのです。

遊び

遊びを見ていくことで、お母さんと子どもの間に、授乳とはまた別の形で愛着が築かれていく様子がよく分かります。というのも授乳と違って、遊びには実用的な目的がないからです。遊びの間には飲むべきミルクや、替えるべきオムツといったノルマはありません。ただ、お互い楽しいから遊ぶのです。幼い子に何かを教えるのは遊びを通じてが一番というのは確かにその通りです。しかし学ぶこと自体が自由遊びの目的ではなく、それはただすばらしい副産物であるに過ぎません。
具体的な目的を欠いているからこそ、遊びは最も非凡な活動と言えます。それはこの世で一番簡単でありながら、きわめて難しいことでもあります。この月齢では赤ちゃんは話せないし、ものを上手に扱ったり動き回ったりもできず、あなたの言うことも理解できません。そのため遊びは、一緒に出す音とか、あなたがいろいろに変える表情、また視線を合わせたりそらせたりすることや体の動きや身振り、それに身体的な興奮を共有することに限られてきます。相互交流のごく基本的な要素に限られた遊びなわけです。それはシンプルで純粋で、無邪気かつ何気ない活動、つまり自由な即興なのです。

うまく即興をやるには、何が起ころうと自分に自信をもって、小道具係の助けなどなくても「演じられる」自分の力を信じねばなりません。これが新米のお母さんたちにとって、自由遊びが他のどんな活動より難しい理由です。そこでは次のような、おなじみの疑問も浮かんできます。私には、母親としての天性の素質があるのだろうか？　自発的に何かをすることができるのだろうか？　考え込まなくても、その場でとっさに赤ちゃんの行動に自分の行動を合わせることができるだろうか？　自分がリードしたり、相手に従ったりのバランスがうまくとれるだろうか？　赤ちゃんの興奮や活気の程度を感じて、それが上り調子なのか下り調子なのか感じ取り、（直観のレパートリーの中から）遊びをつないでいくのにちょうどよい程度の行動を引き出してこられるだろうか？　私は一時我を忘れてこの子に没頭し、一心同体になり、もっと子どものことを分かってあげられるだろうか？　そもそも私に子どものことが分かるだろうか？　私のことも子どもに分かってもらえるだろうか？　私には分かってもらうに足るものが、そもそもあるのだろうか？　私とは誰であるかが、赤ちゃんにも感じ取れるほどはっきりしているだろうか？　母子という一番基本的でしかもシンプルな人間関係が、私たちには築けるだろうか？

ここで自由遊びのもつ役割を説明しておきましょう。こうした問いの生じてくる問題の核心に迫れるからです。四か月の赤ちゃんがオムツ替えの後、あるいは起こされた後にしっかり目を覚まして、お母さんと向き合っているところを想像してみてください。一瞬目があって、そこでお母さんが「おはよう、ボウヤ」と挨拶のように言います。すると赤ちゃんの表情が少し明るくなったので、お母さんはまた言います。「おはよう、ボウヤ」。でも二回目のイントネーションは、ちょっと変化しているはずです。

この二回目では、赤ちゃんはちょっと笑いを見せます。さてどうなるでしょう？　ただくり返すわけにはいきません、赤ちゃんが飽きだすからです。赤ちゃんはくり返しには敏感ですから、すぐにそっぽを向かれてしまいます。目新しいことが一番興味を引くのです。そこでお母さんは考えることなく直観的に、言うことをいろいろに変えます。今度は「やぁ、おはよう、ボウヤ」と言ってみたりするわけです。赤ちゃんはもっとにっこり笑って、目は輝いてきます。そこでお母さんは言います、「やぁボウヤ、私のボウヤ？」。それに応えて赤ちゃんは、頭を前後にばたばたさせて、もっと大きな口を開けて笑います。どんどん活気が出てきて、その時点でお母さんが期待していた以上になってくるでしょう。そこで今度はお母さんは、ちょっとだけ静かにトーンを落として、赤ちゃんをこれ以上興奮させないように言います。「私のかわいいボウヤ……」。つまり正確な言葉を選んで変化を付けつつおもしろく、でも前ほど興奮させないようにするのです。

もちろん赤ちゃんは言葉を理解してはいません。赤ちゃんにとっては短い音楽のフレーズのようなものです。この月齢では、歌詞より曲が先に立つのです。母親の言葉は音として知覚される対象になっています。母親は一つひとつの音のフレーズにいろいろな変化をつけることによって、赤ちゃんを人との関わりに誘い、赤ちゃんの活気やはしゃぎ方の程度を調整しているのです。彼女は「ボウヤ」という音を基本の主旋律にし、それにバリエーションをつけることによってそれをおこなっています。これは赤ちゃんを魅了し、同時に気持ちをちょうどいい状態に保っておくのにぴったりの方法です。こういうことはすべて、そう考え込むことなくおこなわれます。実際のところお母さん自身も楽しんでいるのであって、それが一番大事なことなのです、でないとよく遊べませんから。これは最も基本的な形の「社交のアドリブ」です。これこそが、自由遊びのエッセンスというわけです！

母親たちはこれがうまくやれているか、あるいは自分にとって楽にやれると感じられるかどうかをよく知っています。またこういうアドリブは、その子のことでしばらく我を忘れられるほど十分子どもを愛していないとうまくいかず、他のことで手いっぱいでも、こういう自発的活動が苦手なほど抑制のききすぎた性格でも、遊び気分になれないほど疲れたり落ち込んだりしていてもうまくいきませんが、そのことも母親たちはよく知っているのです。もしお母さんがいま挙げたような状態であると、赤ちゃんと「ともにある」、愛する責任を果たしにくくなることがあります。

しかし、この場合もまた自然のはからいによって、ふつう母と子は、こういうやりとりについて大騒ぎしなくてもすむように守られています。赤ちゃんは丈夫につくられていて、母親からくる外的刺激も自分自身からくる内的刺激も、名人技のようにちょうどよいレベルに調整できるのです。赤ちゃんには生まれつき、次のようなあらゆる行動が備わっています。視線をそらせたり、目を閉じたり、顔を背けたり、あなたを素通りして虚空を見つめたり、読み取れるような表情をつくってみせたり、声を出したり、体を硬くするかまたはある姿勢を取ったり、手足をばたつかせたり、泣いたり、眠りこんだり――そのようにして、刺激の程度を上げたほうがよいのか下げたほうがよいのか知らせてくれるのです。

母親もまた赤ちゃんの出すサインを見ながら、瞬間瞬間のやりとりを、直観的にちょうどよい加減に調節しておくことにかけては名人です。二人は一緒になって、きわめて複雑な相互交流のパターンを展開します。それはあるときには、絶え間ないつぐないや修正を伴う大変な努力を要するもののようであったり、また別のときには苦もなくやれているように見えたりします。ものごとというのは実際うまくいかないこともあるものですが、たいていの場合は自然のはからいで母子が並行して発展・進化していけるように、つまりいっぽうが変化すればそれに応じた発展的変化が他方にも起こるようになっています。そのようにして母子は一緒になって「ほどよく」やれるようにつくられているわけです。

これから挙げるもう一つの例からは、ほとんどの母親の内面で働く愛情の作用が、いくらか垣間見られるかもしれません。それはあるゲーム、すなわち世界のあらゆる赤ちゃんゲームの中でも一番人気の「つかまえちゃうぞゲーム I'm gonna getcha」のことです。私はこのゲームが、アメリカ・西ヨーロッパ・スカンジナビア・東ヨーロッパそれにロシアでもおこなわれているのを目にしてきました。台詞はそれぞれ異なるものの、声のイントネーションや動きは世界共通です。

やり方を説明しましょう。六か月のレベッカちゃんが、仰向きに寝ているとします。お母さんのポーラがまずレベッカちゃんの上にかがみこみ、指でトコトコ歩いてお腹から胸へと、首を目指して登っていきます。指でトコトコを始めるときに、お母さんは「つかまえちゃうぞー」と言うわけです（「つかまえる」というのはもちろん、赤ちゃんのあご下の首のところをコチョコチョくすぐること。）あっという間にレベッカちゃんは、うれしくておめめランランになります。

お母さんのポーラは、二秒後にまた同じことをします。赤ちゃんは短い時間の間隔を、とても上手に予測するものです。二度目のトコトコが済むと、レベッカちゃんは三度目がだいたい二秒後くらいに起こるだろうと分かっていて、お母さんが次のトコトコの準備にかかるのをじっと見ています。

お母さんのポーラは、今度は動きにバリエーションをつけてきます。トコトコを半秒遅らせて、さらに「つーかーまーえーちゃうぞ！」と言葉を長く引き延ばすわけです。レベッカちゃんの期待は高まり、それに伴ってドキドキや興奮もいや増します。レベッカちゃんは今度のトコトコは二・五秒後にくるだろうと思いますから、ポーラはさらにバリエーションを導入。トコトコをもう一秒遅らせ、レベッカちゃんが三・五秒待たねばならないようにして、そこでさらに高いピッチの声でこれまで以上にサスペンスたっぷりに、「つーーかーーまーーえーーちゃうぞ！」とやるのです。

レベッカちゃんはいまや、期待をあおられ、嬉しさに身もだえしています。この時点でレベッカちゃんは、母親が毎回徐々に間をあけていくつもりらしいと感づいています。つまりこれは、間を置いてこちらに飛び込んで来ながら、それをだんだんエスカレートさせていく遊びなのだと。（赤ちゃんにいったいどうしてこんなことができるのかと思われるでしょうが、それはとても単純なことです。音楽の拍子が刻めたり、分かったりすることと基本的にはまったく変わりません。あらゆる年代において私たちは、拍子の変化にはきわめて敏感なのであり、ここで起こっているのもそういうことなのです。）

そういうわけで五回目のトコトコまでに、レベッカちゃんは前回の四秒後くらいで次のトコトコが始まると予測し、心の準備をします。母親が最後の「オチ」にあたるバリエーションを導入するのは、赤ちゃんがまだ完全に心の準備をしてしまう前の、このときです。前のトコトコからほんの一秒後、まだレベッカちゃんが全然来ると思っていないときに、突然レベッカちゃんの首めがけて手でポーンとジャンプ。そこで首をコチョコチョコチョーッとくすぐりながら「**つかまえた!!!**」で、ゲームは終了となります。

この最後のバリエーションでは、それまで長く引き延ばす方向だったのを短いほうに切り替えることで、赤ちゃんの裏をかいています。レベッカちゃんはそれまで神経を張りつめてトコトコの間隔がこれ以上ないほど長くなるのを期待していたところを、急に変えられて、どっと笑います。そして二人で笑い転げるのです。微妙な時間差によって赤ちゃんの状態がいろいろに変わる遊びであるこのゲームは、ここで解決を迎え、二人はすばらしい時間を共有したのでした。

もうきっとお分かりのように、こういう昔からあるゲームは（いないいないばぁもそうです）、母親たちにとって頼れる助っ人となります。どんな赤ちゃんにも使えるというだけでなく、即興で何かやるには疲れていたり、いい思いつきがわかなかったり、あるいは他の用事で忙しかったりしたときに頼れる何かを与えてくれるのです。ある母親は、車の中で気難しい赤ちゃんをなだめる、彼女なりの方法を教えてくれました。

運転中に赤ちゃんがむずかり出したときにしていることをお話しするのは、ちょっと恥ずかしいです。むずかると言っても、たぶん本当に悲しいというわけではなくて、飽きただけだと思うんです。でも、どこかに向かっている最中にできることといってもそうないし。娘はシート・ベルトで座席にくくり付けられているし、あと一五分は車に乗っていなきゃならない。こういう状況のときやってみられる一通りのやり方を開発したんですが、それでたいていは何とか娘の気を引き、機嫌を直すことができます。

初めはクラッカーをもたせてみますが、それでだめなら話を始めるんです。どこに何のために向かっているかをメリハリのある口調でしゃべって、「メガン」という娘の名前とか「ニッキィ」というお友達の名前とか、特定の言葉を強調してね。

それもうまくいかなくてまだグズっていたら、歌ってみるんです。「みて、みて」ソングって呼んでます。決まった節はないけれど、リズムがあるの。「私たち、誰に会いにいくのか、みて、みて、みて？　メガンの大好きな、ニッ・ニッ・キィ」って。「キィ」のところはちょっとキィキィ声で歌ったり、ダッシュボードを叩いたり、パチパチ手を叩いたり、クラクションまで鳴らしたり。娘は最後がそうなるのをいつでも知っていて、たまらずクスクス笑いだすんです。もちろん私はというと、まったくのバカに見えるだろうし、そのうち免許も取り上げになっちゃうかもし……れませんが、ともかくこうすると泣き止むんです。

こういう何ということもないゲームや即興があなたの母親としての資質を試し、あなたの母親アイデンティティにまた一つ新しいものを加えてくれます。赤ちゃんの興奮やはしゃぎぶりを調整する責任を負うあなたは、赤ちゃんを管理しすぎにならずにうまく導いていくすべを学ぶでしょう。また、ゲームの進行が遅すぎたり速すぎたりしないか、あるいはもう新しいのを始めたほうがいいかどうか判断するために、赤ちゃんの出すサインに十分敏感になっていくでしょう。赤ちゃんの楽しい興奮が高まりすぎたあまり、行き過ぎて泣きに転じてしまうのはどの時点なのか、分かってくるでしょう。

愛する責任についてこのようにくわしく見てきたのは、赤ちゃんのいる時期というのが人生でどんなに特別な時期かということが、時を経るにつれてあなたにも実感されてくるだろうからです。こうした初期の数年、あなたは母親アイデンティティをつくり上げているというだけでなく、あなた自身を人間としてもう一度考え、つくり上げる機会をもつのです。成人してからこういうことができる時期はそうありませんが、母親になるときはその貴重な機会の一つなのです。ちょうど恋愛も、そうした機会であるように。

心理学者は人生におけるこういう大きな出来事を、正常なる危機《ノーマル・クライシス》と呼んでいます。正常なる危機は、あなたのいつものあり方を部分的に崩させ、それを（たいていこれまでとは少し違ったやり方で）組み立て直すよう要求してきます。こういう意味では、母となって間もない時期は潜在的な「建設的危機」の時期、つまり個人としての変化がいつもより生じやすいというばかりでなくむしろ必要であるような、そういう時期と言えるでしょう。母となって間もない時期とは、新しいアイデンティティが古いアイデンティティから生み出される時期、つまり変化のるつぼの時期なのです。この期間に自分がしていること、考えていること、感じていることを見据え、内省できればその分だけ、普通ならとても手の届かないようなこうした変化に影響をおよぼすことができるのです。このことを念頭に置いた上で、母子の日常的なやりとりに立ち戻り、くわしく見てゆきたいと思います。

授乳したりひとしきり遊んだりする中で、あなたがその都度くだすあらゆる選択や決定は、あなたが一人の人間として何者であるかを深く表現しています。どんな経験にならら耐えられて、何に耐えられないのか？　どちらを好み求めるのか、赤ちゃんにはどちらが望ましいと考えるのか？　ワクワクするのは好き？　ワクワクを求めるほう？　それを自分でも好ましく思うか？　あるいはむしろ静かな生活を旨として、そこから外へと向かっていくほうが好きか？　あなたが誰でありどうありたいと思っていて、赤ちゃんにはどうあってほしいと思っているかが、こうした単純なくり返しの中であなたが赤ちゃんをあやす仕方に、すべて反映されてくるのです。

こういう一見バカらしく見えるゲームの中で赤ちゃんは、母親が許容できる興奮の範囲に適応していきます。ここで問題になっていることは、きわめて重大です。赤ちゃんといるときのあなたのスタイルは、あなたが他の誰かといるとき、どの程度の喜びやはしゃぎ、どの程度の穏やかさや静けさを期待し許容するかを直接的に反映しています。あなたはわが子の健康で幸せな成長が引き出されるような環境をつくるために、それまで抱いてきた他人への期待のもち方を修正する機会を与えられるのです。

赤ちゃんの経験を調整するあなたのスタイルは、赤ちゃんが這ったり歩いたりするようになって、あなたが赤ちゃんの環境探索の仕方を調整するようになったときにも再び現れてきます。ほどなくしてあなたが子どもにおしゃべりを教える仕方にも、あなたのスタイルは現れるでしょう。新しい言葉を取り入れるとき、ミスや混乱や欲求不満を許容するとき、あなたはどんなやり方をとるでしょう？限界設定つまりしつけにおいても（よちよち歩きの子をもつお母さんたちにとって一番切実な問題）、あなたのスタイルは再び前景に出てきます。厳格でしょうか、寛大でしょうか、甘いでしょうか、柔軟でしょうか？　もっと後になって、子どもがその日学校であったことを話してくれるようになったら、あなたはどんなふうに応じるでしょう？　実際に何があったのか知ろうとするか、それとも子どもが話をふくらませるに任せておくのか？　話の穴や矛盾はそのままに受け止めるのか、もし修正するとしたらどんなふうに正すのか？　事実か本人の語る「お話」か、どちらにより関心をもつでしょう？

こういう日々のささやかな出来事の中で赤ちゃんは、他者と一緒にいるとはどういうことなのか、期待されるとは、許容されるとは、求められるとはどういうことなのかについて、基本的な教訓を得ていきます。そしてこうした教訓が、その子がこの先結ぶ人間関係へともち越されていくのです。

先述したあの変化のるつぼの中で、子どもとの関わりという特別な仕事に夢中で打ち込むあなたは、自分自身と他者をともに活かす新しい生き方を、何度も練り直しては編み出すという、得がたい機会を手にするのです。

同一化することと愛すること

一次的関係性でもう一つ重要なのは、自分の赤ちゃんと同一化する能力です。同一化するとは、共感によって赤ちゃんの心や体に入り込み、赤ちゃんが抱いているらしい気持ちに合うように、自分の感情を変化させることです。その結果あなたは、その赤ちゃんであるとはどんな感じか（一瞬ではあるものの）分かるように感じ、この理解を通じて自分の赤ちゃんのことをさらに知っていくのです。

この情緒的なやりとりを受け入れるとき、あなたは子どもとの間に特別な情緒のつながりを打ち立てます。あなたはこの小さな人に、あなたの中の何かを注ぎ込み、子どももまたあなたに対して同じようにして、独特の関係が生まれてきます。大切なことなのでお伝えしておきたいのですが、赤ちゃんにちゃんとした身体的ケアをすることは誰にでもできるものの、愛情が育ってくるような同一化の仕事を満足に成し遂げられる立場にいるのは、ほぼ両親や祖父母や親しい親族だけなのです。

私たちはルーマニアなどの孤児院を訪問しましたが、そこでは子どもたちは誕生直後から預けられ、最悪の状況で生活していました。こうした子どもたちの発達は遅れ、たとえ養子として引き取られても、たいてい問題を抱え続けます。たとえスタッフがほどよい身体的ケアを提供しても、真の情緒的つながりがないと、こういう赤ちゃんたちが情緒的に発達するために必要な同一化が起こる可能性はなくなってしまいます。

こういう孤児院で、同じ病棟にいる二〇人ほどの他の子たちよりずっとよい状態の子が一人二人いるのを、たまに見かけました。後から分かってきたことには、そういう子はある職員のお気に入り、つまりその職員にとっての「かわいい子《ダーリン》」になっていたのでした。その職員はどこに行くにもその子を連れ歩き、他の子に対してとは違う反応を返していました。お気に入りの子は十分な同一化と愛情を受けられるので、はるかに望ましい発達を遂げたのです。同一化してくれる人がいて愛情を注がれることは決定的に重要です。たとえ中程度の（ほどよいに過ぎない）愛情でも、大きく効いてくるのです。

母子観察をおこなった者の多くが、通常の状況下で母親が赤ちゃんに同一化する能力について語っています。それによると、私たちは皆他人に同一化する能力をもっているものの、その能力はほかでもないわが子に母親が同一化するときに最も高くなるようです。多くのお母さんは、よその子に対してはあまり気持ちが動かず特別な共感もわかないが、わが子に対しては即座に強いつながりを感じられると言います。

母親となったばかりのある女性が、ランチタイム・ミーティングで報告した話を聞いてみましょう。

自分が子どもを授かる前、私は出産を終えたばかりのある仲のよい友人とランチに出かけました。それまで私たちはあれこれ話題を変えながら、一時間でも休みなく話し続けるのが常でした。でも、そのときは何もかもが違いました。彼女は赤ちゃんを、テーブル横の床の上に置いた携帯用ベビーチェアに寝かせていました。彼女が赤ちゃんに首ったけの様子にびっくりし、ちょっぴり居心地悪く感じたのを覚えています。

食事の間じゅう友人は、しょっちゅう赤ちゃんのほうをのぞき込んだり、何やら話しかけたり、ほっぺに指を走らせたり、おかしな顔をして見せたり、赤ちゃんの逐一の動作に応えたりしていました。私とはちょっとしかおしゃべりできず、赤ちゃんの何がそんなにおもしろくて魅力的なのか、私にはまったく理解できませんでした。でも自分に子どもができて、やっとすべてが理解できたのです。

……………

子どもと同一化する能力に自信のないお母さんもいます。「自分はわが子と、かけがえのない関係が築けるのだろうか」と考えてしまうのです。これが発展して、もし他の母親が自分に取って代わっても、赤ちゃんは平気なのでは、気づきもしないのではという心配が生じてくることもあります。「赤ちゃんを出産時に入れ替えられて、いま家にいる子は実は自分の子ではない」という空想《ファンタジー》が生じる場合もあります。こうしたお母さんは自分と赤ちゃんの絆を問題にするものの、しかし何がいけないのかを突き止めるまでには至りません。極端な例では、調べてみるべき問題が実際にある場合もあります。しかしそれはむしろ例外で、ほとんどのお母さんはこういう疑念をふとしたときに抱くだけです。結局、他の誰かにこれほどまでに没頭するなどというのは初めての経験であり、未知の領域なのです。

自分の赤ちゃんに十分に、かつ常に同一化しているためには、その小さな生き物に惚れ込んでいなければなりません。惚れ込みが関心と優しさのエンジンになり、それが共感的な行為のもとになります。恋する者どうしはお互いの心にたやすく入り込み、互いに自分の内なる世界をすすんで相手と分かち合おうとします。それがいわゆる「知りあっていく」ことの中味なわけです。このようにして、情緒的な結びつきは築き上げられていきます。赤ちゃんに惚れ込むことは、大人の恋愛とはもちろん違いますが、そこに注がれる圧倒的情熱は同じなのです。

愛するという責任にしっかり取り組むことは、赤ちゃんの望ましい成長に欠かせません。またそれはあなたの母性に新しい次元を加え、新しいアイデンティティが築かれる上でとても大きな働きをします。しかしもちろん、こうしたプロセスは真空状態の中で生じるわけではありません。あなたも時には導きや支えや保証を求めて、他のお母さんたちに頼ることでしょう。第6章では、このことについて取り上げます。

第6章 認められたい気持ち

赤ちゃんの命を守り、この生まれたばかりの存在と親密な関係を築こうと懸命に取り組みながらも、あなたは母親としての経験を肯定してくれるような他のお母さんたちとの交流を強く求めて、外へと向かうようになるでしょう。新米の母親として、あなたは心理的にも実際的にも、ぜひとも支えを必要としているからです。だれか経験ある母親に自分を認めてもらいたいと切望し、そういう保証を探しあて手に入れることは、一見単純なことに見えます。しかしそれはこれから見てゆくように、あなたの母親アイデンティティを形づくるために欠かせない、自己発見への道のりにつながっているのです。

他の女性からの心理的サポート

心理的なサポートを求める気持ちは、出産直後から起こってきます。私たちは多くのお母さん方を対象に、出産直後の入院生活についてインタビューをおこない、どのようにサポートを探しどこでそれを見いだしたか尋ねました。以下はどんな心理的支えが求められているかを示す典型的な回答です。

自分でも驚くような答えです。朝七時一五分頃になると、いつも掃除のおばさんが床を掃《は》いたり部屋を片付けたりしに来てくれていました。五〇歳くらいで、もう孫もいる人です。彼女はいつもまず私のほうにやってきておはようを言い、私と赤ちゃんをしげしげと眺めました。そうしていつも「まぁ、元気そうな赤ちゃんだねぇ」「息のあった親子じゃないか」などと言ってくれました。それから私たちはいつも、五分間ぐらいおしゃべりしました。おばさんは孫の話とか、自分の子どもとの経験を話してくれました。子育ての話だけ。それから仕事にかかるのです。私はそのおばさんが来てくれるのを、毎朝楽しみにするようになりました。とてもやる気がわいてくるんです。もちろん、先生や看護師さんの回診も大事だし安心だけれど、それはもっと医学的なことであり技術的なことでした。夫の存在も欠かせません。それでもやっぱりその掃除のおばさんは、なぜかは分からないけれど私の一日にとって、重要なハイライトだったのです。

こういう語りにはいろいろなバリエーションがあります。そういう語りすべてが指し示しているのは、特に自分よりも母親としての経験の深い別の女性から、認められたい、励まされたい、見守られたい、支えられたいという新米のお母さんの思いです。

母親業というのはある種の技《わざ》のようなものであることを思い起こせば、新米の母親はみな既存のモデルや先達《せんだつ》のような存在（親方みたいなものですね）のもとで、見習いをする必要があるということになります。先達の役割は、単にアドバイスや情報を与えるだけではありません。信頼を集め、新米のお母さんが親としての実力を伸ばせるよう励ます、そんな心理的環境で相手を包み込むことが必要です。

この特別な心理的環境を「支持基盤 affirming matrix」と呼ぶことにしましょう。「抱える環境」と呼ぶ臨床家もいますが、それだとあたかもお母さんが持続的に抱きかかえられているような感じですね。

支持基盤の中心にはしばしば、よい母親的人物を求める気持ちや、また母親につきものの悪い部分抜きによい母親の役割を果たしてくれるような、理想化されたおばあちゃん的人物を求める気持ちがあります。これは夢の解決法ですが、めったに実現することはありません。新米のお母さんにとって自分の母親は、あまりに遠くにいたり、もう亡くなっていたり、関係がこじれていたりするかもしれません。しかしそれでも新たに母親となったほとんどの女性たちは、その要素を可能な限り探し求めます。自覚されているかどうかにかかわらず、母親たちには心理的サポートを求める深い思いがあり、それが「情報交換したい」「他の母親たちの実際のようすを見たい」という強い欲求となって現れるのです。母親どうしが出会うと、それが公園であれプレイ・グループであれ小児科であれ、情報や意見の交換がいろいろなレベルで起こります。こういう交流が保証を求める気持ちを満たし（「私にもちゃんと赤ちゃんの面倒を見ることができているんだな」）、コツを知り（「そうやっておしゃぶりを無くさないよう工夫しているわけね」)、自分の仕事ぶりを知りたい思いを満たし(「バスに乗るとき、どうやったらうまくバギーが畳めるのか分かったわ」)、新たに参加することになった母親の世界への帰属感を高めてくれるのです(「まだ慣れない世界だけれど、一人じゃないのね」)。

経験を積んだある母親は、新米のお母さんが赤ちゃんと生活しているあるお宅を訪問したときのことをはっきり覚えていました。

夫と私は、生後一週の赤ちゃんをもつ友人の家を訪ねました。自分たちの子どもはもう大きくなっていたので、生まれたばかりの赤ちゃんをまた見てみたかったのです。友人たちはみんな何らかの事情で実家から地理的に離れて孤立していたのですが、特にサラはドアを入った瞬間から、私にしがみついて離れませんでした。

一時間ほどの訪問の間、サラは決して赤ちゃんを降ろしませんでしたが、何度も坊やを私のところに連れてきては質問しました。「この目尻のベトベトしたもの、何だか分かる?」「この子、警戒してるみたいね?」「ここ、何で赤いのかしら?」「お風呂にはどうやって入れてた? これ、ほんとに湯船に入れなきゃいけないのかな?」「いつ眠たがっているのか、分かりにくいわよね?」

私は、自分が初めて子どもを授かったときにもどんなに心細かったかを思い出しながら、彼女を安心させようと答え続けました。サラが必死に私の承認と助言を求める様子は痛々しいほどで、私は実際どれくらい力になれたか分かりません。この人は法律事務所をテキパキと切り盛りしていた女性でしたが、赤ちゃんと一緒に家にいるとなると、どうしてよいか見当もつかないのでした。ご主人もあまり助けにはなりませんでした。というのも、彼女以上に分かっていなかったからです。

夫も重要な心の支えにはなってくれるでしょうが、支持基盤を提供することはできません。というのも単純なことながら、夫には折り紙付きの一次的養育者のような、ちゃんとした経験はないからです。それにまた、前述したように子どもの誕生に伴って、ほとんどの母親の興味関心は男性から女性へと移り、（意識しようとしまいと）自分の父親よりも母親に対して関心を抱くようになります。この移り変わりは、あなたが新しい支持基盤を手に入れる可能性を探りはじめた頃から、もう生じているのです。

ほとんどの母親は、支えとなる存在をこれまで関わったことのある誰かに求めようとしますが（その一番分かりやすい候補は自分自身の母親です）、支持基盤は必ずしも実の母親が中心でなくてもかまいません。あなたが赤ちゃんだった頃の世話に、重要な役割を果たしてくれた人なら誰でもよいのです――おじいちゃん、お姉さん、おばさん、あるいはそういう人たちみんなでも。理想的な親とはこんな人だろうと、あなたが想像している空想《ファンタジー》ですらかまわないのです。あるお母さんは自分のモデルが実家でなく、少女の頃知っていたある家族にあったことに、自分でも驚いていました。

三、四歳の頃のことで覚えているのは、お隣のデボスさん一家のことだけです。デボス家には六人の子どもたちがいましたが幸せそうな家族で、私たちはよくそこで過ごさせてもらいました。放課後によくデボス夫人の台所に座っていたものですが、私も実の子のように接してもらいました。いつも私のための食べ物が何かしらあり、何か言いたいことはないか気を配ってもらいました。私の家でそんな気遣いをしてくれる人はいませんでした。母は働いていて、私をかまっている時間などあまりなかったのです。

デボス夫人にどうしてそんなことができたのか、私には分かりません。面倒を見なければならない子がすでにたくさんいたのに、彼女はいつでも私を抱きしめてくれ、食べさせてくれ、耳を傾けてくれました。私も、あんなお母さんになりたいです。

あなたの理想の母親は実の母親かもしれないし、友人かも、親戚かも、あるいは何人かの人物が合成されたものかもしれません。まだ存命かも、あるいはもう亡くなっているかもしれないし、また（身近に）いるかもいないかも分かりません。けれどもその人は、あなたが母親となるための舵取りを、きっとリードしてくれるでしょう。

支持基盤の範囲

社会における男女の役割は大きく変化したにもかかわらず、生まれたばかりの赤ちゃんの育児については、驚くほど女性に任されたままです。私たちが普段被っている個人的、政治的そして文化的な影響について読み解こうとするときには、いつでもこのことを認識しておかねばなりません。

実際、新たに母親となった女性は支持基盤を組み立てていくのにそう苦労していません。ほとんど自然にできていくと言ってもいいほどです。何年か前ボストンでおこなった調査で私たちは、新米のお母さん方に、出産後誰かと連絡を取り合ったか、誰か泊まりに来てくれたか、誰が訪問してきたか、誰と電話でしゃべったかを尋ねてみました。

回答によると驚くべきことに、こうした新米のお母さんは、自分より豊富な母親経験をもつ女性たちと、日常的に何度も連絡を取り合っていることが分かりました。平均的な一日で一人あたり一〇回以上、つまり起きている間一時間に一度の頻度で、訪問や電話の形で連絡を取り合っていたのです。

この支持基盤の本当に現実的な面での利点は、新米のお母さんが長い時間を、ほとんど一人で過ごさなくてすむようにしてくれる点です。社会的に孤立してしまったり支持基盤をつくれない母親は、赤ちゃんとの間に問題を抱える危険が高く、うつに陥る危険も高いのではないかと、長らく考えられてきました。ほとんどのお母さんにとって最大の問題は、赤ちゃんのお世話をしつつ、自分の睡眠もある程度とりながら、どうやってうまく訪問や電話の時間を確保するかという点でしょう。しかし自分にとってのベスト・バランスを探る上で忘れてほしくないのは、サポートを求めて他の女性たちと連絡を取り合うことは、決してぜいたくな社交ではなく、心理的に必要なことだということです。

夜の授乳の手伝いに泊まってくれるとかちょっと立ち寄ってくれる、あるいは料理や電話番をしてくれるなど、出産直後には、実の母親が一番長く時間をともにする相手になるかもしれません。幸運にも近くに手伝ってくれる母親がいたら、きっと支持基盤の中心となってくれるでしょう。

もちろん、実の母親に来てもらうのは高くつくとみるお母さんもいます。新米ママのルーシーはこんなふうに言っていました。「ええ、母は一週間は泊まりたいと言っていました。それがだいたい私の受け入れられる限界ですね。母には、家事と買い物だけ手伝ってもらいます。マイナスの面に何とか耐えられて、昔みたいな親子関係に戻らないといいんですが」。

しかしそういう疑念や危険にもかかわらず、たいていのお母さんたちは実の母親とこの時期、とても前向きな関係をもてるものです。実際、母親との関係がより前向きに現実的になり成熟して、全体として一歩前進したという人たちもいるくらいです。

実母の次に大切なのは義理のお母さんですが、しかしこの関係がなごやかにいくかどうかは、義母自身が息子とどんな関係にあるかに大きく左右されます。次に続くのはお母さん自身の親族である姉妹、おば、祖母たちであり（彼女たち自身も十分な育児経験をもつ母親であったとしてですが）、そしてその次が夫方親族の母親経験ある女性たちです。興味深いことに支持基盤は単に女性であるとか母親経験のある女性ということだけでなく、たいてい母親本人方の親族出身の女性たちによって構成されています。この母親業第一期は、実家近くで過ごされます。

男性はどうでしょう？　父親や義父はもちろん訪ねてくれ電話もくれるでしょうが、自分から連絡を取ってくることはありません。友人も同じパターンで、男友達より女友達と、より頻繁に連絡を取り合うようになります。女友達でもすでに母親経験のある人のほうが、より支持基盤に加わってくれやすいでしょう。実際女性は、人生のこの時期から長いつきあいの友人をたくさんつくることが多いのです。何年ものち、女性は決まってこう言います。「この人は友達です。同じ頃に子どもができたんです」。

男友達ももちろん訪ねてくれたり電話をくれたりするでしょうが、しかしたいていは母子の調子を尋ねるとすぐに、職場の様子など出産前にしていたような話題に戻るでしょう。男友達の役割とはどうやら、赤ちゃんについてのこまごまとしたことは女性たちの支持基盤にまかせておいて、母親となったばかりの人に、外の世界をもたらすことのようです。

子ども時代の想い出——静かな回想

すでに見てきたように、これから母親になろうとしている人は妊娠初期に、自分のごく幼い頃に母親役をしてくれた人たちのことをよく考えるようになります。女性はしばしばある種の驚きをもって、自分の母親も今自分が経験しているのと同じようなことを経験してきたのだと気づきます。それはこれまで思いもよらなかったことなので、自分自身の過去に急に関心が高まるようになります。この関心は子どもの誕生後も、相当の期間しばしば無意識の中で続いてゆき、夢や突然思い出される記憶となって現れてきます。しかし時には非常にはっきりと意識され、「私の母親は私が赤ちゃんの頃、どう接してくれていたのだろう?」という直接の問いとして出てくることもあります。自分の母親と過ごした過去が、自分の中にどの程度よみがえって来ているかを、実際に自覚しているお母さんもいます。逆にこうした過去のよみがえりが、あまり目立たないお母さんもいます。

けれども、いったいなぜこういう過去の再活性化が起こるのでしょう?　一つには、あなたがモデルを探していることが関係しているのでしょう。あなたは授かったばかりの赤ちゃんに何を感じ、どのように振る舞えばいいのか戸惑っているのです。生まれて初めてのことに直面させられる他の場合と同じように、あなたは現在直面している挑戦に何とか対処するために役立ちそうなことを見つけ出そうと、自動的に過去の経験を振り返っているのです。

現在の導きになるものを過去に求めるという発想は、最近になって分かってきた記憶のしくみにもよく合致しています。これまで記憶は、個々の経験がちょうど本のようにコード化され、棚に整理されて蓄えられているプライベートな図書館のようなものと見られてきました。精神はちょうどわれわれが図書目録にアクセスするようにして記憶を取り戻し、もとの経験をそっくりそのまま忠実に再現するものと考えられてきたのです。

しかし最近の見解では、もとの記憶がまるごと残っているようなことはほとんどないと言われています。本としてはおろか、記憶が全編残っているということすらないのです。むしろ経験は、記憶の断片的な痕跡として蓄えられており、その各々はいずれもそれのみでは大した意味を成さず、寄せ集めてもある経験を丸ごと再現できるようなものではなく、ましてや「もとの」記憶を再構成することなどまったく不可能と考えられています。このように記憶は、脳全体に散らばった無数の痕跡から成っています。何かを思い出すとき、あなたはいろいろな痕跡をえり出して、そこからひとまとまりの記憶を組み立てるのです。けれどもそうやって組み立てられたものは、もとの経験と決して同じではありません。実際あなたが何かを思い出すときには、選ばれる痕跡の取り合わせは毎回微妙に違っていて、毎回何かしら違うやり方で組み立てられるでしょう。一つの出来事に関する二つの記憶がまったく同じということはあり得ないのです。

ではどの痕跡が選ばれ、それがどのように組み立てられるのかは、どうやって決まるのでしょう？

何かを思い出す瞬間、あなたはある特定の状況におかれていて、ある特定の精神状態にあり、ある特定の感情を抱いているはずです。その文脈によって、あなたが記憶に与える意味と、あなたが選択的に思い出す細部が決まってくるのです。

たとえばあなたがある暑い日、ビーチに向かう途中で長い渋滞につかまったとき、ごく幼い頃家族が持っていた車のことを思い出し、それからまたその車を日なたに停めておくと座席が焼けて触れないほどだったことを急に思い出したとしましょう。きっとあなたはそんな車のことなど、何年も考えもしなかったはずです。あなたがその考えをもった瞬間のことを「現在の想起文脈」と呼びますが、それは記憶の断片のどれとどれが選ばれるかを決定するばかりでなく、それが全体としてまとまった意味をもつ記憶になるように、その組み立て方まで命じるのです。

ちょうど幼い頃の車について思い出したときのように、何かを思い出すときにはその記憶体験は、その都度必然的に独自なものになります。というのも想起文脈には、決してまったく同じものは存在しないからです。次にその車を思い出すのは、家でテレビを見ていてコマーシャルが引き金になったときかもしれません。想起という行為は過去でなく、現在なされていることがらです。つまりわれわれが想起するのは、いま起こっていることをよりよく理解するためなのです。そういう意味でわれわれは、現在を思い出すために過去を使っているのです。

こうした記憶のとらえ方は、新たに母となった女性についてもあてはまります。赤ちゃんといるとき、あなたは時々刻々新たな「現在の想起文脈」の中にいる自分を見いだします。たとえば赤ちゃんを胸に抱いて、自分の首すじに寄り添って置かれた柔らかな頭を感じているとき。おむつを換えようとしても、赤ちゃんが身をくねらせてむずかり泣き止まないとき。こうした一つひとつの瞬間、毎日何度も生じてくるそうした個々の瞬間が「現在の想起文脈」として働き、あなたの記憶から断片を拾い出して、それを、今どう行動すべきかを導いてくれる意味をもった何かへと組み上げるのです。

自分の赤ちゃんがあなたにとっての「現在の文脈」ですから、あなたはどうしてもこの状況に関係するような記憶の痕跡をたどることになります。理論的にはあなたがファイルから引き出す記憶の痕跡は、あなた自身が母性的な世話を受けた経験に関係したものになるはずです。それ以外に、よりどころになるものなどないのですから。

ここまで考えてくると私たちは、あなたが自問することになる、ある一つの重い問いに行きあたります。つまり、あなたは、自分の母親のようになるのでしょうか？

「私は母のようになるのだろうか？」――愛着のパターン

最近の研究では、あなたが赤ちゃんとの間で築く愛着のパターンは、あなたが自分の母親との間で築いた愛着パターンによって、ほぼ決まるらしいと言われています。愛着パターンとは、分離（別れ）や再会について交渉する際の、母親と赤ちゃんのお互いに対する振る舞いや感じ方のことです。その子独自のパターンは、赤ちゃんがおよそ一歳になり動けるようになる頃には明瞭に現れてきます。その頃には母親だけでなく、赤ちゃんのほうから去ったり戻ったりできるようになるからです。

赤ちゃんにとって、母親などの一次的な養育者から離れることは、外傷的なことながら日常茶飯事でもあります。それは赤ちゃんがストレス下にあったり見慣れない場所にいたり、疲れや気分の悪さを感じたり傷ついていたり、あるいは長い別れであったりすれば、特につらいものになります。その人の愛着パターンを最もよく示す行動は、分離のあとの母子の振る舞いです。このときの行動には文化によって違いがあります。

私たちの文化では、母子が離されたのち再会した瞬間には、お互いが相手を目にするやいなや走り寄ります。赤ちゃんは母親のほうに手を伸ばし、抱っこしてという身ぶりをします。母親は赤ちゃんを抱き上げるか、膝をついて抱きしめます。それから互いにしばしギュッと抱き合うのです（ハグ）。こうしてギュッと抱き合うことは、決定的に重要な行動です。両腕で相手を抱き、胸と胸を合わせることは、おそらく人間が互いにするしぐさの中で唯一、かつ一番安心を生むしぐさでしょう（大型類人猿もこういうしぐさをします）。赤ちゃんの多くはこの特別な抱擁のとき、そっと頭を母親の肩に乗せたりもします。

ハグがその不思議な効果を発揮すると、赤ちゃんはもう立ち去って離れても大丈夫という気持ちになります。お母さんはさらに、別れ際に撫でてあげたり、背中をポンと叩いてあげたり、頭をクシャクシャと撫でてあげたりもするかもしれません。このとき赤ちゃんは心理的には再び愛着し（これを「燃料補給」と呼ぶ人もいます）、そしてまた母親から離れて、自分の遊びへと出かけてゆけるようになります。こういうせいぜい数秒ほどのやりとりで、親子は十分つながりを確かめ合い、別れを修復できます。こうした行動は「安定型」のパターンと呼ばれています。

愛着の「不安定型」パターンは、われわれの文化においては二つあります。一つ目のパターンでは再会のとき、母子はあたかも再会など起こらず、誰かが戻ってきたということなどなかったかのように、それればかりかそもそも立ち去ったということすらなかったかのように、お互いを避けます。歩み寄って抱き合うようなことは起こりません。あたかもその事態の重要性を、赤ちゃんが否認し認めまいとしているかのようです。実際こうしたパターンの行動を示すお母さんのほとんどは、もっと気持ちをはっきり表現するような再会の仕方を赤ちゃんに求められると、赤ちゃんを拒絶したり否定的な反応を返してしまったりします。赤ちゃんはすでにそれを学んでいるので、あえて母親に何の働きかけもしないことによって、かえって母親を近くにひきとめているのです。こうした赤ちゃんは一見母親が戻ったことに反応していないようでありながら、実際は敏感に気づいており、不安を示す数々のサインを示します。

二つ目の「不安定型」パターンは、それとは正反対です。子どもは愛憎入り交じった様子を見せ、いっぽうでは強く愛着を求めるようなのに、他方では母親の接近を拒絶します。すると結局、再会時の行動は大げさになります。より激しく、長くなるのです。母親はより感情をあらわにし、より多くのことをするよう強いられますが、これはあたかも子どもが母親からより多くの愛着行動を引き出すために、そういう戦略を使っているかのようです。

こうした愛着のパターンがなぜそれほど重要かというと、一つにはそれが赤ちゃんの将来の心理的適応を予測する、最も有用な方法の一つだからです。つまりこうしたパターンは、その子がよちよち歩きの頃に仲間と関わっていく様子や、そしてその後の幼稚園や小学校で先生や他の子たちと関わっていく様子を予測する、大変すぐれた目安になります。

おそらく母子間には愛着パターンの他にも、世代から世代へと引き継がれやすい多くのパターンがあるのでしょうが、なかでも愛着パターンは児童心理学者が一番くわしく研究してきたパターンです。ありがちなのは新たに母となったあなたが、わが子との間で、自分が子どもの頃覚えた愛着のパターンをくり返してしまうことです。われわれはこれを、行動パターンの「世代間伝達」と呼んでいます。

ある世代から次の世代へとある程度伝わるかもしれないさまざまな態度は、一般的な経験からいってもわれわれの推測からいっても、他にもたくさん考えられます。たとえば愛情の示し方や不同意の示し方、ケンカの仕方、怒りの見せ方、意見調整の仕方、自分とは違う行動にどれくらい寛容になれるか、自分の感情を共有するやり方やあるいはしないやり方、好奇心をもち世界を探求する仕方、変化への反応、新しい情報や考えの受け止め方、友情の絆をどんなふうに行動に表すか、それに正直さなどです。

また逆に、ある行為が世代間伝達されず、次の世代で拒絶されることもあります。それにある種の傾向は、世代を飛び越えて伝わるともいわれています。たとえばもし祖父母が厳しいと父母はより甘くなり、その子どもたちは自らが親となるとまた厳しくなるなどです。またこうした世代間伝達の多くはきわめて性別特異的であるとされます。つまり息子は父親に似、娘は母親に似て育つのです。

全体としてみると、世代間伝達は俗説の域を出ず、相当偏見に毒された話かもしれません。しかし、母親が自分の育てられたように子育てすることに限っては、世代間の作用力が強烈に働き、新米の母親に絶大な影響をふるっていることを示す証拠が、山のようにあるのです。

母親はどうすれば自分の過去からくる宿命を回避できるか？

けれども幸運なことに、母親は自分が経験した古い育児のパターンを、必ずくり返す運命なのではありません。あなたが自分の母親との関係をより深く理解し、それと折り合いがつけられればその分だけ、それを考えなしにくり返してしまわずに済むのです。けれども自分がかつてもった母子関係について、客観的に大人の理解をするには、相当の内省力や洞察力が求められます。

ここでは母親との関係そのものが変わるというより、むしろその関係についての理解が変わることが必要です。母との関係にまつわる物語を、開かれた心と広い視野で見直すことのできた女性は、過去からずいぶんと解放されるでしょう。

キャロルという女性は、こうした理解についてのよい例です。

私の母は、北半球一最悪な母親でした。そもそも私がほしくなかったのです。私を無視し、腹を立てるとときどき頬を叩きました。そのうちに、母に応じてもらえない時期が長く続きました。母が帰ってきても、私がいることに気づいてもらえなかったりという感じで。私が近付くと母は苛立ちました。

少女の頃、キャロルは明らかに母親との間で、貧しい関係と不安定な愛着しかもてませんでした。赤ちゃんとの間でも、ある程度同様のパターンをくり返すのではと思われるかもしれません。しかしキャロルは次のように続けました。

まったく最悪に聞こえるでしょうが、でも実際はいいときもあったのです。私の幼い頃の何年かは、母にとっても大変な時期だったのだろうと思います。母が妊娠したとき、すでに夫婦関係は揺らいでいました。そして私が生まれる直前に父は刑務所に行き、母はそばに一人も家族がいない、一人ぼっちの状態になりました。きっと母はまったく途方に暮れ、引きこもるか、さもなくば怒りを爆発させていたのだろうと思います。そういうとき、私を叩いたのでしょう。

けれども、穏やかな時間や楽しいときもありました。母はとてもきれいな声をしていて、私によく歌ってくれ、一緒に踊ったものです。それが一番の楽しみでした。二歳の頃父が刑務所から帰ってきましたが、それからは地獄でした。母は酒を呑みはじめ、もっと落ち込むようになって、私の相手もできなくなりました。それでも時には相手をしようとしてくれて、私たちは午後二人きりで出かけては、ずいぶんいろんなことをしたものです。そんなことはたまにしかありませんでしたが、それでも母はあきらめませんでした。何とかやれそうなときはいつでも挑戦を続けていました。しかし、強い人ではありませんでした。彼女にとって何かを乗り越えるのは、容易なことではなかったのです。それは今も変わりません。そして私はというと、とても活発で落ち着きがなく、目を離せない子でした。もし私がそれほど扱いにくく活動的な子でなかったら、母も私ももっとやりやすかったのかなと思います。でも私はそういう人間でした。彼女も彼女で、そういう人でした。そしてそれぞれのやり方で、二人とも精一杯努力したのです。

キャロルはものすごい内省のエネルギーを注いで、何が起こったのか、そしてなぜ母が自分にそんな否定的な関わりをしたのかを理解しようとしてきました。やがて彼女は世代間のパターンを打ち破ることを可能にするような、均整のとれバランスのよいイメージを描くようになります。実際にもキャロルは、自分の娘との間に安定した愛着を築こうと、努力を続けました。

赤ちゃんと母親の間に愛着のパターンがあるように、成人女性とその母親の間にも、大人としての愛着のパターンがあります。それらは母親と赤ちゃんの間のこととしてこれまで説明してきたものと、多くの点で似通っています。女性たちの中には、自分の過去をとるに足らないものと否定し去ってしまうとともに、自分の母親との現在の関係もまた否認したり、捨て去ってしまう人がいます。なるべくそのことを考えないようにし、わが子への接し方にそれが大きく影響するかもしれない可能性を見たがりません。どちらかというと現在の母親とあまり関わりをもたず、「おばあちゃん」としての役割もあまり期待しません。

このパターンは、母親としての経験のいろいろな受け止め方について説明した章の前半に出てきた、愛着の「不安定」な回避的パターンに似ています。回避的パターンでは、母親は自分自身が世話された経験を、距離を取って見ています。このパターンがもつ問題点は、子ども時代の自分の経験から情緒的にひどく距離を取ってしまうために、キャロルがしたような内省の仕事ができなくなることです。そうすると家族のパターンは、かえってくり返されやすくなってしまいます。

成人女性とその母親間のもう一つの「不安定型」愛着パターンは、互いが互いの人生にあまりにも巻き込まれているために、誰が誰の母親役割をとり子ども役割をとっているのか、よく分からなくなってしまうパターンです。私たちはこれを「至近距離からの見方」と呼んでいますが、このパターンの一つの問題は、娘がその関係を明瞭に見通すためにぜひとも必要な距離をとりにくくなる点です。このパターンでもまた、過去のくり返しは避けがたくなります。

もちろんあなたがどんな母親になるかが、過去の出来事だけで決まってしまうわけではありません。あなたがそれを理解する作業をどのくらいしてきたかにもよるのです。自分の過去を理解し、一貫した自伝的な物語へとまとめ直すことのほうが、生いたちの上で実際起こったことの良しあしよりも、時には重要なのです。

推移する三者関係

これまで見てきたように、あなたが若い頃子どもとして加わっていた〈母‐父‐子〉という三者関係は、赤ちゃんの誕生のときに新しい三者関係に置き換えられ、あなたはその中で母親の位置をとるようになります。しかしあなた自身の母性が現れてくるにつれ、第三の三者関係が形をとりはじめて、今度はしばらくそちらが心の中心を占めるようになります。それは〈母‐子‐祖母〉の三者関係です。日常的には、新しい家族（〈母‐父‐子〉）の三者関係のほうに、一番時間と注意と労力を注がねばならないでしょう。外目にはあなたは、この三者関係の一員と見なされています。しかしそれとは別に表面下では、〈母‐子‐母の母〉という新しい三者関係が存在するのです。新しい母親にとって驚きなのは、この三者関係が自分の心に及ぼす強い影響力です。この三者関係があなたに求めてくる注意と心理的努力には、ぜひとも応えるべきです。そうすれば自分を自由にし、まったく自分独自の新たな課題をもって、進んでいくことができるでしょう。しかしこの三者関係については、われわれの心理学理論の中ではほとんど論じられてきませんでした。

現実的にはこの時期、あなたにとって一番重要な他者は、赤ちゃんを除くとすれば夫でしょう。しかしながら「ほどよい」状況下では、その関係を再検討する必要はありません。微調整の必要はあるかもしれませんが、あなたの夫との関係はすでに理解できていて、またある意味で当然とされている関係でしょう。しかし、実母とは違います。そこではあなたは、自分が結んできた過去と現在の関係をもう一度見直さねばならないし、そのためにはこれまでになく深く見てゆかねばならないこともしばしばです。だからこそ〈母‐子‐母の母〉という三者関係は、新しい母親の心のエネルギーが相当に働く、隠れた場なのだと申し上げたいのです。

何週間、何か月とたち、新しい母性が育つにつれ、あなたはきっと自分が家族や新旧の友人たちからなる支持基盤の中心にいることに気づくでしょう。このメンバーは全員ある程度の育児経験がある女性たちで、あなたを手助けしたり反応を返してくれたりして、あなたが新しい役割をほぼうまく果たしていると認めてくれる人たちです。その私的な支持基盤の中でも、実のお母さんほどあなたに気持ちの上で大きな影響を及ぼす人はいません。ですからあなた方の関係がよかれ悪しかれ、あなたはその関係に若干の時間と注意と、そして何より内省を求められるに違いありません。

第7章　あるお母さんの体験

この章ではあるお母さんが、子どもが一歳になるまでの気持ちの移り変わりを語ってくれます。彼女なりの生いたち、願いと怖れ、彼女の出身文化とも結びついた、新たな母親業にまつわる多くの関心が、すべて溶け合って新しいアイデンティティをつくり上げています。彼女はとても率直に、育児中の普段の行動や出来事の背後にある彼女の心の世界がどんなものであるか教えてくれます。このお母さんは赤ちゃんの命を守ること・愛すること・認められたい気持ちといった、ここまで論じてきたすべてのことに触れています。彼女の話は特に印象的ですが、それは彼女がごく普通の母親であり、そして実際よい母親でもあるからでしょう。彼女の話は独自でありながら、同時にきわめて普通でもあるのです。

この率直な話を聞くと、あなたは自分の心配や怖れや願いが自分だけでなく、母親ならほとんどみんなが同じように抱いているものであることを知ってほっとするかもしれません。こういう気がかりについて気を楽にもてると、それをオープンに考えて人にも相談しやすくなり、結果的にうまく対処できるようになります。

＊　＊　＊

息子のニコライは、ひどい腰痛を伴う一八時間もの難産で生まれました。息子の頭のてっぺんは、子宮が収縮するごとに私の尾骨にガンガン当たっていたのです。誕生の瞬間、助産師さんがまず発したのは「この子、どうも様子が変だわ」という言葉でした。産科の先生は息子を逆さ吊りにして背中をピシャピシャ叩いたりとあらゆることをしましたが、どうしても泣き出させることができません。「デメロール使ってなかったわよね？」と先生は、到着早々まず尋ねました。「デメロール使った子みたいに見えるわ」〔デメロール：お産のとき、子宮収縮に伴う妊婦の痛みを緩和するために使われる解熱鎮痛剤。使うのが遅すぎると赤ちゃんが傾眠状態になる〕。さらに、まるで私たちがまだ心配し足りないとでもいうように、息子は頭の横にいくつも黒や青の打撲傷をつくっていました。夫と私は、怖れていた最悪の事態が現実になりつつあるのではと心配しました。「私たちの子には、脳に障害があるのかもしれない」と。

しかしありがたいことに、お産直後のその心配は杞憂に終わりました。「やってみてもいいわよ。うまくいくとは思えないけど」と看護師さんには言われながら、なんとか生きてほしいと私がやってみたことも無駄に終わりましたが、その後うとうとと眠たげな私たちの赤ちゃんを追いかけて夫が新生児室まで行ったところ、そこで赤ちゃんは産湯《うぶゆ》を使わせられるのに抵抗して、長く悲痛な声で力強く泣き、「ああこの子は大丈夫だ」と私たちを安堵させてくれたのです。小児科の先生は、先生自身さほど心配してはおられなかったものの、私たちの心配を取り除くために頭部エコー検査［新生児の頭蓋内出血などを見つけるための検査］をしてくれました。「これはこの子が三歳になったとき、頭がシャツに通らないかもしれないときに備えての検査ですからね」なんて言いながら。私たちはエコー画像で、赤ちゃんの頭の柔らかい部分を通して、美しい、完璧に整った脳を見ることができました。「この子はハーバード大学行きだね」と技師さんは言いました。夫と私はほっとひと安心しましたが、それでも私は息子が生まれた直後、何時間にも思えたあの瞬間に、自分がこの子を拒絶した（自分ではそう思えた）ことに、一人激しい罪悪感を感じていました。赤ちゃんが万一自分から取り上げられてしまうときのために心の準備をしようとして、そうすればこの過酷な愛から身を守れるとでもいうように、私は生まれたばかりの赤ちゃんから自分の気持ちを引き剝がしてしまったのです。

ニコライの初めての誕生日が近づくこの頃になって、彼が脳の障害を負っているのではという怖れも、その怖れに反応して引きこもった自分のあり方も、私の人生ではもうおなじみになってしまったあるサイクルの一部だったのだと分かります。それは「私は子どもとつながることができないのではないか」「どうかして私は彼を失ってしまうのではないか」という形で私の気持ちの中に何度も姿を現す、怖れと引きこもりでした。

もちろんそのパターンは、ニコライの誕生とともに始まったわけでも、ましてや彼を身ごもってから始まったわけでもありません。両親が離婚して間もない八歳の頃、私は母から離婚について書かれたある本を与えられました。そこには『一つ目の怪物』という章があり、私はすぐにそのページを開いては、こう考えたのを覚えています。「この本を書いた人が誰だかは知らないけど、その人はきっと私が親の離婚後、夜になるたび怯えていることをよく知っていて、私に何かほっとするお話をしてくれているんだわ。夜中眠れずに『屋根の上で聞こえたリスたちの物音は本当は殺し屋で、家に残った者を片付けてやろうとやって来たんだ』と考えてしまう、そんなときに役立つお話を」と。けれども著者の本当の意図は、離婚した家の子は一つ目（つまり「家に一人しかいない親」）の怪物のようなもので、そのもう一つの目も同じように失って何も見えなくなってしまう（つまり「一人ぼっちになってしまう」）のではと怖れているのだ、ということでした。一般的に見るなら、著者の言っていることはその通りでした——両親の離婚から、喪失という形で怪物が生まれていたのです。自分でも自覚していたように、私は家族を失ったばかりでなく、自分がちゃんとした能力をもった、何かに値する人間だという感覚もまた失っていました。つまり、自分は愛したり愛されたりできる人間として生まれついたのだという感覚を、失ったのです。

一九六〇年代後半、離婚はありふれたことでしたが、それでも両親の離婚は私にとって突然の死のようなものでした——家庭の死、幸せの死、愛情の死です。「ママとパパは、どちらもあなたたちのことが大好きなの」と母は、弟と私に言いました。「でもパパは、もうママのこと愛していないのよ」。その言葉を聞いて私たちは二人とも泣き崩れました。というのも私たちも、愛について知っていたからです。つまり私たちの家庭はその上に成り立っていること、私たちの命もそれにかかっていること、そしてそれなしでは生きていけないことを。

「一つ目の怪物」の本の別の章では、両親の離婚は私のせいではないと説明されていました。自分のせいだなんてまったく思いませんでした。何が両親の愛を殺したにせよ、それはすばやく音もなく、前触れもなしに殺《や》ったのです。そこから私は重要な教訓を得ました。もしそれが両親を消せたのなら、私のことも消せるはずだ。誰も無事ではあり得ない、と。

二六年後、そのメッセージはまだ私の中に深く残っていました。それから私にはそういうことが起こったのだから、また私が八歳のときに私の家庭は破綻してしまったのだから、自分などは幸せな家庭に値しないし、今も母親としてこんなに恵まれる資格はないのだという感じも。両親の離婚が自分のせいだったとは思いませんが、それが自分の宿命だったと、ある水準では感じていると思います。

私が成長するとその怪物は、自分は決して結婚できないだろうという不安となって現れてきました。それは次には、自分は決して妊娠できないのではという心配に姿を変えました。次には妊娠初期に流産するかもしれないという怖れに、さらには自分の子は何かひどい病気をもって生まれてくるかもしれないという怖れに転じました。一生の伴侶を見つけ、赤ちゃんのあったかい頭を肩の上にのせて優しくあやしてあげる、そんな完璧な幸せが自分に許されるはずがない、私のような離婚の子に、不幸な家の子にと、どこかで感じていたのです。

妊娠したときにも、私はわが子を抱いているさまを、決して想像しないようにしていました――やはりこれも、何かがうまくいかなかったときの絶望から身を守るためです。ただ一つ自分に許した想像は、いろいろ違った帽子をかぶせてあげることでした。野球帽、ぴったりしたモロッコ帽、それに職場の仲間たちから贈られた三つ角のかわいいニット帽。

赤ちゃんのものを買うことも、まったくしませんでした。九月初めが出産予定日でしたが、八月になっても夫と私は、一枚の赤ちゃん肌着も用意していませんでした。頂きものの小さなビーズ飾りの白いモカシン靴や、ピーターラビットのガラガラ、それにウシ・シマウマ・ライオンそれにワニのミニチュアが二匹ずつ付いたノアの方舟のぬいぐるみも、リネン用の戸棚にしまい込んでほとんど見ようともしませんでした。

赤ちゃんを抱く想像すら決してすまいとしていたせいで、私は自分がニコライに感じる愛情に、まったく心の準備ができていなかったのでしょう。私の胸の中に憩うとき、肩にもたせかける彼の頭はとても小さく、私は嵐のような愛情にとらわれました。この過酷な愛とともに生きてゆかねばならないことは、胸の悪くなるような恐怖に感じられました。これまで一四本の小説を書き上げてきた作家の友人が言っていたことを思い出します。「子どもが生まれてからは、一語たりとも書いていない。それまで私は何も分かっていなかったのよ」と。「人質にとられるのよ」と彼女は言っていたのですが、私にはずっとその意味が分かりませんでした。私の胸にもたれかかるこの子を感じ、決然とした呼吸を、一心に眠っている眉を、落ちることを怖れ縮こまる（と看護師さんに聞いたのですが）両手を見て、初めて分かったのです。

病院から帰って一か月、私はほとんど家を離れませんでした。私はそれを寝不足とひどい難産のせいにしていましたが、でもそれは大方のところ、自分がどんなにこの子を愛しているかに有頂天になっていて、家にいる私たちみんなを包んでいるその魔法のシャボン玉を壊したくなかったせいだと思います。けれども同時に私はその愛に圧倒され、もう決して心安らかにはなれないだろうと悟って打ちひしがれてもいました。

「赤ちゃんを授かってどんな感じか教えて」とまた別の友人にせがむと、「私にとっては、ちょうど心臓手術を受けた人の話みたいな感じね」と話してくれました。心臓手術を受けた患者はしばしば「三日目」の抑うつというものにやられると言われ、それは睡眠不足のせいとされてきました。しかしそれ以上にそれは「体外循環」、つまり血液を人の体外で循環させることへの反応なのです。心臓病の患者はそこから回復するのに何か月もかかるといいます。母親はというと、決して回復することはありません。

ニコライを家に連れ帰り、穏やかな日々を過ごしている頃には、夫方の親戚に彼を抱かれると苦痛を感じました。それは（不合理ながら）落っことされるのでは、何らかの危害を加えられるのではという心配よりも、私が抱っこしていたい、彼は私と一緒にいるべきだという気持ちからでした。彼の本来憩うべき場所である私の腕の中に取り戻すと、やっと安心して息つくことができたのです。

飼い犬のかわいくおとなしいロージーは、ニコライが生まれるまでは、いわばわが家のかわいい赤ちゃんだったのに、もう肉食獣にしか見えませんでした。いまにその血が騒ぎ出してニコライを揺りかごから盗み出し、首をポキンと折って喰ってしまうのではと、私は震え上がりました。

友だちがよちよち歩きの赤ちゃんを連れて急に立ち寄ってくれたりしても、失礼にならないようにするのが精一杯でした。というのも以前にはかわいい赤ちゃんと思えた子も、今では保育所からもち帰った病原菌をいっぱいつけた、巨大で見苦しい生き物にしか思えなかったからです。「私の純粋でけがれない、か弱い赤ちゃんのいる部屋に、こんな子を連れてくるなんていったいどういうつもり？」

と。初めて夫と二人で赤ちゃんを連れておそるおそる外出し、ドッグ・パークから出てきた知人にベビーカーをのぞき込まれたときも、私は自分の反応に驚きました。「近寄らないで」と言いたくなったのです。

私は突然、あらゆるものごとを母親の目線から見聞きするようになったのでした。悪いニュースには耐え切れず、ましてやテレビ・ニュースなどもってのほかでした。ある一つの死が報道されるとすると、それはある一人の母親の無限の苦しみを意味していましたから、一回の飛行機事故はその苦しみ×《かける》無限大を意味したのです。私はあたかも母親たちの秘密結社に入会して、それに伴う喜びと恐怖を味わっているかのように感じましたが、しかし同時に、現実には恐怖のことなど誰も話題にしていないことにも気づいていました。

「どんなにこの子を愛してしまうことになるか、分かっていなかったんです」。心待ちにしていた新米ママの会合で、私はそう発言しました。それは初めての本格的な外出で、ニコライは一か月を少し過ぎたところでした。私たちは車座《くるまざ》になって一人ひとり順番に、何に一番驚いたかを発表し合っていたのです。「飼い犬以上に愛せるものがあるなんて、思いもしなかったわ」と、私はわざと軽い調子で付け加えましたが、周囲の気まずい沈黙に気づいて、バツの悪さを感じました。でも、本当に言いたかったのはこういうことだったのです。「あなたたちは怖くないの？　赤ちゃんに何か悪いことが起きつつあるのでは、と思わない？　子どもが八歳になっても、一〇代になっても、大人になってても？　それでそのとき、あなたはどこにいるかしら？　どうしたら目の届かない所なんかにやれるの？　くるりと後ろを向いてポイッと窓から投げ捨ててしまうかもしれないベビーシッターに、どうして預けられるの？　建物が爆発してしまうことだってあるかもしれないのに、そんな保育所にどうやって連れて行けというの？　凍った土手から滑り落ちたり、猛スピードの列車にはね飛ばされるかもしれないのに、どうやったらスクールバスに乗せられるというの？　酔っぱらいの運転する車に乗るかもしれないというのに、どうやったら土曜の夜のパーティーに送り出せる？　大学に行くために乗った飛行機が空中で火を噴くかもしれない、滑走路で横転するかもしれないのに、そんなものにどうやって乗せろというの？」

でもこのグループのお母さんたちが話し合っていたのはそういうことよりもむしろ、睡眠不足のことか、ベビーカーで街中を移動することの大変さとか、復職するかどうかといったことでした。けれどもあとで心優しいある人が私のところにやって来て、あなたの話には感動したと言い、アン・タイラーの『ここがホームシック・レストラン *Dinner at the Homesick Restaurant*』〔アン・タイラー著、中野恵津子訳、文春文庫〕のある登場人物の話をしてくれました。その女性はもう一人子どもをつくることによって、なんとかあの恐怖心や傷つきやすさを和らげようとしますが、しかし当然のことながらその感じは倍加するだけに終わってしまうのだと。そこにきてやっと私は、自分が今体験していることは正常な現象なのだということに少しずつ気づきはじめました。ひとたび母親となってしまえば、そこに逃げ道はないのです。

夫と自分の名を乳児心肺蘇生の同意書に丹念に記入しながら、私は自分の赤ちゃんの蘇生法を知っていたら少しは自信がつくかしらと考えました。でもそれは違いました。生後六週目のニコライを、初めてベビーシッターに預けて外出したときのことです。初めて息子と離れて、彼が生気なく真っ青になって転がっているかもしれない可能性を思い、銀のプラスチック製赤ちゃん模型のように投げ出された両足、それを蘇生しようとする自分たちといったことをじっと考えざるをえなかったときには、安心どころか生きた心地がしませんでした。看護師が赤ちゃんを「失った」二人の友人の話をしてくれたことがありましたが、一人は赤ちゃんが食べ物をのどに詰めたときやみくもに探ろうとしたため、かえって異物を奥まで押し込んでしまい（決してやみくもに異物を探らないこと）、もう一人は赤ちゃんが電話のコードをのどに巻き付けたせいで窒息死したというのです（電話のそばでは赤ちゃんから決して目を離さないこと）。聞いていた私は吐き気がしてきました。

どの母親もその人なりの怖れを抱き、その人なりのやり方でそれに対処しているのでしょう。中華料理の出前より頻繁に、短縮ダイアルで小児科医に電話をかけまくっている友だちもいます。私の母親グループにいたある女性は、強迫的にわが子の寝返りやハイハイやあんよを周囲にいる私たちの赤ちゃんと比べ、みんなと比べてどのくらいできているかを話題にしては、わが子がついていけている限り万事うまくいくと思っていました。また別の友人は清潔にこだわって、あたかも自分の赤ちゃんをバイキンから守れば、人生の思うにまかせない偶発事からも守れるかのようでした。私は友人たちより、かなり落ちついて見えるようです。事実私は「おおらか」で「ゆったり構えた」母親と言われ続けてきました。

私の抱いている恐怖のせいで家族の時間は台無しになり、自分の喜びも邪魔されていると感じはじめたのは、ニコライや夫と一緒に散歩しているときでした。八つか九つの小さな男の子が赤い自転車に乗って通り過ぎ、夫はベビーカーのニコライに「君もそのうちあんなふうになるんだぜ」と言ったのです。お誕生日にもらったばかりのまぶしい真っ赤な自転車にまたがり、リバーサイド・パーク［ニューヨーク、マンハッタンの公園］の花壇の周りをぐるぐる勢いよく走り回る八歳のニコライ。そんな夫の想像と同じことを思い描くかわりに、私はもしこれが許されなかったら、もし息子が大人らしくなれなかったら、夫がどんなに悲しみに打ちのめされるだろうかと考えていました。

平均的な母親と比べて息子を失うことを心配しすぎなのかどうかは分かりませんが、そのせいで被っている大きな代償についてはよく分かるし、ニコライに与える影響についても想像がつきます。私は怖くなると「チェックアウト」してしまうのです。それが（皮肉にも）つながりを感じられない怖れであっても、「泣き止ませられないのでは」とか「ハイハイが手に負えなくなるのでは」という怖れであっても、病気への怖れであっても、いつ起こるか分からない暴力や自然災害への怖れであっても。私が抱く無数の怖れにみられる一つの共通点は、それらがみなわが子とのつながりの感覚を危うくするものである点です。それは息子と二人きりの小さな世界から私を引っ張り出し、ハラハラ見ていることしかできない宙ぶらりんの状態に置き去りにします。それは私から息子との現在を奪うだけではなく、息子からもまた何かを奪い去ります――未来への曇りない、鮮明な見通しをもつ権利を奪うのです。

ニコライの初めての誕生日を明日に控え、私はあの分娩室での朝、あの世とこの世の境目に宙ぶらりんになっていたニコライから尻込みし、彼を引き受けるかどうか決めようとしていたかのようなあの朝のことに、罪悪感を感じているだけではありません。私は彼から引きこもっていた、すべてのときについて罪悪感を感じているのです。私は赤ちゃんと一緒にいること、彼と本当に一緒にいてやることこそ、自分が積極的に身を捧げるべき何かだと思っています。でもそれは私にとって苦もなく自然にできるようなことではなく、近頃は特に難しくなっています。今では息子はとても要求がましくなっていて、近寄ってはいけない所にいつでも這ってゆき、私の不慣れなやり方であやしてやらなくてはならなくなっています。本当に疲労困憊するので、最近はこんなふうに夫と「私の番、あなたの番」と当番制めいたことをしてニコライから逃げようとしています。逃げたいという気持ちは一つには、次のようにするのが当然だという、自分で自分にかけている期待から来ているに違いありません。つまり私は完全にそこに存在せねばならないし、常に息子に刺激を与えていなければならないし、かつそれが楽しいと感じなければならないという気持ちです。私はいつでも自分に欠けているのではと怖れているものを埋め合わせようと必死なのです。ただそこにいるだけでは不足で、スーパーマザーにならなくてはならないのです。

私が二歳で兄が幼稚園にいた頃、母は孤独で、またきっと退屈でもあったのでしょう。自分の勉強をもっと追究したくて、大学院に行ったのです。おばが話してくれたことには、兄と私が小さい頃、母はいつも椅子に座って本を読んでいて、足下で遊ぶ私たちにときどき目を落としていたといいます。この話をしてくれたおばもきっとそう感じていたと思うのですが、当時私はこれを聞き、ネグレクト［育児放棄］のように感じました。しかし自分の時間に飢え、どんな時間も惜しい母親となった今では、それは正気を保つための手段であるように思えます。それでもなお私は、母もとりつかれ、自分でもずっと怖れてきたあるメッセージを、自分のうちに取り入れているのです。それは「おまえはこの形質を受け継いでいるのであり、専業主婦のおばたちの血でなく、もっと複雑で葛藤に満ちた母の血をひいているのだ」というメッセージなのでした。

「お子さんのほうにボールを転がしてあげると、転がし返してきますか？」先週のニコライの検診で、小児科の先生にそう尋ねられましたが、「私がボールを転がすことはありません」と言うしかありませんでした。私のいとこは自分の赤ちゃんにお手々パチパチや、公園の芝生で拾ったドングリをお口に入れないで投げるやり方を教えてあげたそうです。もう一人のいとこはニコライがくすぐったがるドンピシャの場所を知っていて、私が聞いたこともないような大笑いをニコライにさせました。友人が九か月の自分の子に「ママにチューして」と言うと、その赤ちゃんは喜んで従ってその友人の鼻をお口にくわえました。その友人は私の息子にも、おもちゃを手渡してすぐ泣き止ませてしまいました。私はというと、それまで空しく彼の椅子を揺らして「アババババ……」などと言ってあやしていたのですが。こんなあれこれがあると、私はすっかり悪い母親だという気持ちになり、「自分には、他のお母さんたちが生まれつきもっている何かが欠けている」「赤ちゃんとともにあるための秘密の知識が欠けている」という気がしてきます。ただ率直にボールを投げてみるとか「チューして」と言ってみるとか、お手々パチパチを教えてみるなどする代わりに、私は「何か自分のよく通じていない育児の定石がどこかにあるのではないか」と心配するのです。

ニコライと私だけの、定番の遊びもちゃんとあったのを忘れていました。家中を踊りまわったり、いないいないばぁやキッシング・モンスター（私が『きらきら星』に彼だけのための歌詞をつけてあげた替え歌）をしたりするのです。それに寝かしつけのとき、私が足を握っていてあげるとニコライが私の頬をゆっくり撫で、二人が完全に一緒になることも。

ですから幸せな家庭がどうかして自分から奪われてゆくのではと怖れ、思わず引いてしまうようなときには、力を秘め、生命力にあふれ、惜しげなく愛を与える優しいニコライを思うようになりました。彼は命と絆を体現している存在で、私はそういうことを彼から学んでいます。もしもよい母親の定石というようなものがあるなら、それは子どもが自分のもてるものを展開してゆくに任せることであり、そうしている子どものそばにいてやることであると思います。

きょうニコライは、初めて一人で立ちました。それを見て盛んに拍手しながら、私は母親に特有の、あの喜びと悲しみの混じり合ったような気持ちでいっぱいでした。母となってほぼ一年、私はこの奇妙なごちゃまぜの感情が楽しめるようになりました。手を叩くうちにも涙が頬をつたい、私にはこの拍手もこの涙も、自分の愛の重みであることが分かるようになったからです。

第8章
もし、赤ちゃんとお母さんが日記を書いたら

さて、ここで実際に活動している母性を、ちょうど顕微鏡で見るようにくわしく見てゆきたいと思います。これまでは、お母さんたちに育児という経験を振り返って語ってもらった話を、荒削りに紹介してきました。ここからは実際に生きられた現在のものとしての育児の経験を、一刻一刻たどっていきたいと思います。実はこれからお見せする母子交流は、赤ちゃんが一歳になるまでのほとんど九〇〇時間に及ぶ時間のうちの、ほんの三分ほどの出来事です。

私はこの三分間から、母子間の時々刻々の主観的な経験が、いかに絡み合い互いに影響を与え合うか示したいと思います。互いに与え合うこの影響は、私たちの社会生活を成り立たせている日常のささやかな振る舞いの中に実演されています。そのことを示すために私は、ジョーイという赤ちゃんの書いた架空の日記である『もし、赤ちゃんが日記を書いたら *The Diary of a Baby*』の中で展開させた物

語の続きを書いてみました。その本はある意味でこの本の姉妹本になっています。というのも『もし、赤ちゃんが日記を書いたら』では世話される赤ちゃんの内面が描かれているのに対し、この本では世話する母親側の内面が描かれるからです。ここでは四か月半のジョーイがお母さんと向き合って遊んでいる経験を描写した『もし、赤ちゃんが日記を書いたら』の第5章のくだりをとりあげます。そこに今度は、同じ出来事を母親はどう経験しているかを重ね合わせて、二つの世界が浸透し合うさまを浮き彫りにしたいと思います。

けれどもその前に、ジョーイが母親の経験と並行した自分自身の物語を語れるようにするための「ジョーイ語」に、私がどうやってたどり着いたかをご説明しなければなりません。見るもの触れるもの聞くもの、すべてが名前をもたない世界を想像してみてください。それがジョーイの世界です。彼は対象や出来事を、主としてそれが自分の中に喚起する「感じ」を通して経験しています。彼はそれを対象それ自体としては経験しておらず、またそれがしていることも、それがどう呼ばれているかも経験していないのです。彼の経験はすべて、彼がそれらに及ぼす行為と、自分がそれらから及ぼされる影響から成っています。

研究によると、ジョーイは両親から「坊や」と呼ばれても、それが自分のことを指すと分かっていません。接触や光とは明確に区別される、一つの音であることにも気づいていないのです。けれども彼は、その音が自分の上をどんなふうに流れていくかを注意深く見ています。彼はそれがゆっくりと滑るように自分を撫でていくのを感じたり、あるいはまた荒々しく自分をかき回し覚醒度を上げる摩擦を感じたりします。どんな経験もすべてそのように、それ自体の特別な「感じ」を伴っているのです。

ジョーイは周囲に渦巻く出来事を、「感じ」によって支配される複数のユニットへとまとめ上げます。「感じ」は情動、思考、感覚そして知覚の混合物《アマルガム》です。この混合物を呼ぶのに私は「感《かん》がえる think-feel」という言葉を使います。ジョーイは○○と「感《かん》がえる」、というように。ジョーイが経験することは、大人の私たちが経験していることとおそらくそう変わらないでしょうが、しかし私たちはそうした経験の基本的ユニットにそれほどは注意を払いません。私たち大人は存在を感じ取るとき、出来事に対して自ら付与した言葉と意味とにかなりそらされてしまうので、大人の感覚はジョーイがこの基本的水準に焦点づけるほどには焦点を合わせられないのです。せいぜい音楽を聴いたり、抽象画を見たり、ダンスを見たり踊ったり、その他きわめて特殊な存在の瞬間を生きているときに、ジョーイの経験に近いものが経験できるだけです。

ジョーイに声を与えるために、私は音、イメージ、天気、空間、運動などから表現を借りてこなければなりませんでした。つまりは彼の非言語的な経験のエッセンスをとらえる助けになりそうなものは何でも、ということです。

こうした微視的な検討が一助となって、皆さんに自分の育児について、またそれがどのようにして自分の今のあり方や理想を表しているものかを考えていただけたらと思います。

朝の九時半。ジョーイはお母さんのお膝の上で横になり、お母さんが膝小僧にのせた手に頭を預けています。お母さんに向き合って今から遊ぶところです。向き合って一緒に遊ぶときのいつもの時間帯、いつもの姿勢です。ジョーイはクレアの初めての子どもでした。

クレアは妹と母のそれぞれから受けた電話を、ついさっき切ったところです。膝の上のジョーイにぼんやり目をやってはいるものの、しっかり見てはいません。まだ母と妹のことを考えていました。彼女たちから電話が一、二本かかってくるだけで、クレアはたやすく家族のもめごとに引っ張り込まれていました。妹のニコルはクレアより若く美しいものの無責任で気難しく、危ない橋を渡ってはトラブルに巻き込まれ、母親を巻き込んで心配をかけています。母親は大変取り乱し、必死でクレアに頼っては、助言やなぐさめを得ようとするのでした。これまでもずっとクレアは仲裁役を務め、騒ぎをおさめてきました。今回もクレアが出て、これまでとまったく同じように仲裁役をしているのです。ジョーイと顔をつきあわせ、彼を見るでもなくぼんやりと眺めつつ、クレアは考えます。

またこれだわ。私はいつも引っ張り出されて、そっとしておいてもらえない。ニコルも本当にもういい加減にして、せめて自分のしていることを黙っていればいいのに。ママもママでニコルなんか放っておいて過剰反応しなければいいのに。ハイハイ分かりましたよ、ニコルは仕事をやめてしまって、またジム（あのおべっか使い）とよりを戻し、車のドアに指をはさんだというわけね。でも、だからってそれが全世界の終わりというわけじゃないわ。いつもおんなじことのくり返し。ママもどうしてそれが分からないのかしら。それになぜ私はママの大騒ぎに耳を貸して、こういう打撃からのショックを和らげてあげないといけない羽目に、自分から陥ってしまうのかしら？

……………………………………

こういうことにも、もう慣れっこになっちゃった。あの二人はいつもお互い狂ったように巻き込み合っては相手の気を変にさせるのに夢中で、その間つきあわされている私のことなんかまったく眼中にない。私は人間扱いされていない、ただそういう役割を期待されているだけ——ただの仲介者、「なだめ役」だわ。

そういうことを考えているうちに、彼女の顔はだんだん無表情に、悲しげになっていきます。彼女はジョーイに向かい合ってはいますが、その視線は彼を通り過ぎて、じっと動きません。いつもならもう遊びはじめている頃なのに、今朝はまだです。ジョーイは彼女の顔をまじまじと見つめました。彼はこう感《かん》がえます。

……………………………………

僕は、ママのお顔の世界に入っていく。ママのお顔と目・鼻・口は、空、雲、それに水。ママの生気や元気は、空気と光。いつもは光も空気も、そこではしゃぎ回っている。でも、今は僕が入っていっても、その世界はどんより動かない。曲線も、まあるいものも動いていない。ママはどこ？　どこに行っちゃったの？　怖い。僕の中にどんよりしたものが忍び込んでくる。僕は探す、逃げ込めるような、命のかよった一点を。

ジョーイは、母親の様子の違いにすばやく注目します。そうして今ではもうそれをすっかり知っています。その特徴的な動きを知っており、どんなことが起こりそうなのかが分かっています。向かい合わせでジョーイを見つめているとき、たとえ一瞬でも母親が無表情のままなのは、まれにはあるにせよ尋常でないことです。彼女の顔がじっと無表情でその様子に動きがないと、ジョーイは動揺します。この無表情さは、ジョーイにとっては不気味に違いありません。母親の顔は彼にとって、じかに接し刺激を受け取っている世界のすべてであり、彼はその中に浸されているのですから。ジョーイは彼女――彼女の生気――がここにないことを感じ、いったいどこに行ってしまったのだろうと考えます。

三か月ほど経ち、母親と顔をつき合わせているときに起こることを赤ちゃんが予測できる頃になると、母親がいつもの様子からあまりにもかけ離れていたら赤ちゃんは大変動揺します。赤ちゃんは母親が突然交流をやめて無表情になったり、自分が母親の表情を引き出せないと、とりわけ当惑します。「スティル・フェイス（無表情）実験」と呼ばれる有名な実験では、母親は交流の真っ最中に突然動きを止めてあらゆる表情を顔面から消し去り、赤ちゃんの目だけを見つめるよう依頼されます。二か月半を越えると、赤ちゃんはこのスティル・フェイスに強く反応します。きょろきょろし、笑顔は消え、眉間に皺が寄ります。もう一度お母さんを活気づけようと、笑顔をつくってみたり身ぶり手ぶりをしてみたり、声でもって懇願したりします。しかしうまくいかないと、ついには少し悲しげで困惑したような顔をして、そっぽを向いてしまいます。

ジョーイの母親は、自分の考え事に入り込んでしまうことによって、われ知らず部分的・一時的な「スティル・フェイス」をやってしまったわけです。このことはジョーイをいくつかの理由で苦しめました。顔のおりなす不思議な音と光の世界、活気にみちた、打てば響くような世界を期待して入っていった場所で、彼はどんより動かない世界を見いだします。刺激のなさに反応するというだけでなく、彼はおそらく母親と同一化してもいるのでしょう。彼はおそらく母親を模倣し、母親に従ってその悲しみの中に入ってゆきさえするのです。母親の状態を正確に理解することは不可能ですから、彼は母親の心がどこかよその不幸せな世界を漂っていることを、混乱しつつぼんやりと感じ取れるだけです。母と同一化する中で、ジョーイは母親の目を探り、ジョーイは彼女のどんよりしたものが忍び込んでくると感じています。

そこでジョーイは母親の目を探り、彼女を見いだします。赤ちゃんたちがよくやるように、母親の顔のあちこちにずっと目を走らせて彼女の魂を求め、今やっと目に照準を当てたのです。

…………

やっと見つけた。ママの命は、ママの目に集まっている。それはこの世で一番やわらかくて、しかも一番固いところ。

…………

ジョーイは母親の目を探っているものの、彼女はまだあの電話によって引き起こされた世界にほとんど捕らわれたままです。彼女はこう考えます。

……………………

それにしても、いつもこうだった。私たち二人が小さい頃ですら、ニコルはママの心をかき乱すすべを知っていた——どうやればママを巻き込んで、いつも二人がっちりと離れずにいられるかを。（ジョーイ、ちょっと待っててね。）

ニコルの手が車のドアでどうなっちゃったのか、全然ちゃんと分からなかったわ、早口すぎるんだから。指がグシャッとつぶれて、あたり一面血の海だったのかしら……。

子どもの頃の、あのときみたい。ママの留守中、私たちは台所で大きな包丁で何かを切っていて、私のほうがひどく指を切った。ニコルは血を止めようとして、自分もあちこち血だらけになった。そのときママが帰ってきて私たちを見た。ママは反射的にニコルのほうが怪我したものと思い込んで、ニコルだけを求めた。私じゃなく。なんにも訊かずにママはニコルを抱き上げると、病院に行こうと家を飛び出した。血を流している私は放ったままで。そして車にたどり着いたところで、やっと実際起こったことを悟ったのだった。まるで私はそこにいないも同然だった――まるで、私は傷つかない――痛みを感じないかのように。（ジョーイ、もうちょっとよ、今行くわ。）

このことを思うと気が沈む。そして落ち込んだときに私を襲うのは、「そこにいないかのような」感じ。

…………………………………………………………………………………………

彼女がこんなふうに考えているとき、ジョーイは彼女の目を見ながらこう感《かん》がえています。

……

ママの目は、僕を引きずり込む。深く、深く、遠い世界へ。その世界に漂いながら、ママの目の表面にさざ波を立てては通り過ぎるうごめきに、僕は揺さぶられる。僕はママの目の奥をのぞき込む。目には見えないママの生気が、そこに力強く流れているのを感じる。流れは底からわき上がってきて、僕を引っぱる。僕はその流れにこう呼びかける。上がってきて、もう一度ママの顔を見たいんだ、いきいきした顔が。

互いを見つめ合うことは、世界のその中に世界があることです。自分を見つめる目をのぞき返すことは、他者と分かち合う他のどんな経験とも違っています。その他者の精神生活を感じ取り、たどれるような感じがします。この時点でクレアの目はジョーイにしっかり焦点を当てていたわけではなく、むしろまだ彼女自身の内的生活をぼんやり映し出していました。こうした経験の間にジョーイの「感じ」の推移は、彼女の主観の風景に起こる変化を漠然と、かつ印象主義的にたどっています。こうした変化が「ママの目の表面にさざ波を立てては通り過ぎるうごめき」であり、彼に「揺さぶられる」と感じさせます。それでも彼は、鏡のような母親の目を読み取る以上のことを求めています。彼は彼女の存在を、つまり「僕を引っぱる、目には見えないママの生気」を求めるのです。こうして母を深みへと探っていく中で、ジョーイは彼女を再び生へと呼び戻します。彼は「ママの生気」ともう一度触れ合おうとして、それに「呼びかけ」ます。ジョーイが一番求めているのは、母親が彼のためにそこにいてくれることですが、そうなるためには彼女の心が彼へと向けられるようにならねばなりません。そうなって初めて、彼女は「そこにいる」ことになるのです。

そこでジョーイは母親の注意を自分だけに引きつけ、彼女を活気づけようとします。彼は大きく目を見開き、眉をつりあげ、ほほえみ、おもしろおかしくおどけたような表情で頭をそらします。この月齢の赤ちゃんは、自分から交流を始めるのが非常に上手です。母親に自分の動作や表情を見てもらって、今現在の瞬間にますます完全に母親を引き込むようになります。彼女はこう考えます。

ああジョーイ、あなたを一人ぼっちにしてしまっていたわね。私はあなたみたいにできていたかしら？　善良で辛抱強く、自分に関心を向けてもらえるまで粘り強く頑張ることが？　**私のかわいい坊や！**（彼に向かって声に出して言う。）

あなたは私を空から引っ張り上げてくれるスカイ・フックみたいね。あなたは私の愛しい子。ええ、そうですとも。そうに決まってる。

…………………………………

考えたり話したりしているうちにクレアの表情はだんだん和らぎ、彼女は彼に額を寄せました。彼女は徐々に、ジョーイと直接触れ合う世界へと引き込まれてゆきます。いろいろな考えのうち、彼女は愛しさと敬愛をこめて「私のかわいい坊や」とだけ声に出しています。ジョーイもすぐに体を前に倒し、ほほえみを返します。二人は一緒にほほえむ、というより互いに何度かほほえみを交わし合い、そうする間にまた彼女が「あなたは私の愛しい子。ええ、そうですとも。そうに決まってる」と声に出し、その言葉ごとにほほえみます。

彼女がこう考え、ほほえみを浮かべだし彼に額を寄せている間、彼女の顔に活気が戻ったのを見てジョーイはこう感《かん》がえます。

ゆっくりとママの顔に命が戻る。海や空は姿を変える。その表面に光がゆらめく。新しい空間が開ける。弓の形をしたものがぐっともち上がり、浮かんでいる。かたまりと平面とが、ゆっくりと踊りはじめる。ママの顔はそよ風になってやって来て、僕に触れる。優しく撫でる。僕は元気になる。僕の帆は、ママでいっぱいになる。僕の中のダンスは解き放たれる。

……………………

クレアがジョーイにしっかり関わりはじめると、彼は彼女の顔を、姿を変えた海や空として経験します。特に笑顔が彼女の顔じゅうに広がる際に、彼は毎回の表情の動きをしっかりと見ています。結局のところそれぞれの表情は、やはりジョーイにとって、まだそれぞれの動きと形を備えた、空間内の図形に過ぎません。彼女のほほえみがさまざまに展開するにつれ、彼女の肌の緊張は変化し、笑い皺《じわ》が現れます（その表面に光がゆらめく）。彼女の頬はひろがり、口は開きます（新しい空間が開ける）。頬の輪郭はもち上がり、口角は引き上げられます（弓の形をしたものがぐっともち上がり、浮かんでいる）。彼女の顔の様子が移り変わるにつれ、「かたまりと平面とが、ゆっくりと踊りはじめ」ます。

ジョーイはまたこの変化全体を、彼女の生命力が戻ってきた現れとも経験し、それが自分に直接影響を及ぼすのを経験しています。「ママの顔はそよ風になってやって来て、僕に触れる。優しく撫でる」と。

「やって来て、僕に触れる」際、クレアのほほえみはそれが自然にもっている喚起力を発揮し、感染力を及ぼしはじめます。彼女のほほえみはジョーイにもほほえみを引き起こし、彼の中にいきいきと活力を吹き込んでゆきます。彼女が感じかつ示している活気に彼を共鳴させます。彼の楽しい気持ちが高まります。彼女が彼からそれを引き出したのです。こうしてジョーイは、自分の内面からそれをすっかり解き放ちます（僕は元気になる。僕の帆は、ママでいっぱいになる。僕の中のダンスは解き放たれる）。彼はいま応えていると同時に、同一化しているのです。

……………………………………………

そして僕らは鬼ごっこをする。ママの風は、僕の周りの水面に吹きつけてくる。水はママの風と踊る。ママの風に乗りながら、僕は夢中でスピードを上げる。ママの風をよけて、僕はひとりで、静かな水の上を進む。そのうちママの風が来なくなり、僕はだんだんゆっくりになる。僕はママに呼びかける。ママは応えて、僕についてくる。ママは僕の目の前に、新鮮な風を吹きつけてくる。ママの風に乗りながら、僕はスピードを上げていく。僕はママに呼びかける、また僕についてきて、もっと先に進ませて。僕らはジャンプをしながら、引っぱり合いっこして進む。僕らは抜きつ抜かれつ、踊りながら進んでいく。

この月齢の赤ちゃんと母親との間にひとたびほほえみが交わされると、あとのことはひとりでに進行していきます。それは次のような感じです。ジョーイのほほえみと母親のほほえみには互いに少しだけ時間差があります。それでいいのです、というのもほほえみは時間をかけて顔の上に広がりピークに達し、だんだん消えていくからです。母親のほほえみがピークに達しようとするとき、それはジョーイのほほえみの引き金を引きます。ジョーイのほほえみがピークに達したとき、それは彼女の消えかかっているほほえみにまた活力を与えます。時間差があることによってお互いはお互いを再開させ合い、デュエットを長引かせています。ちょうどお互い笑いが伝染して止まらない子どもたちのように。こんなふうに彼女の活気の領域に出入りすることが、彼にあたかも彼女が一連のほほえみによって周囲に創り出している風の中に、入ったり出たりしているかのように感じさせているのです。クレアの側もまた同じように感じているに違いありません。これが二人のしている鬼ごっこです。一人の笑顔がもう一人の笑顔の原因にも結果にもなるので、結局二人は「ジャンプをしながら引っぱり合いっこして進む。僕らは抜きつ抜かれつ、踊りながら進んでいく」ことになります。

ここでクレアは、かなり唐突にあるゲームを始めます。彼女は口を開いて大げさにびっくりしたような表情をしてから、笑ってバブバブというような音を立てたまま、ゆっくり前へと体を倒してゆき、自分の鼻をジョーイの鼻につけます。ジョーイはきゃっきゃと喜びますが、鼻と鼻がくっつくときには目をつぶります。母親はまた後ろへと巻き戻り、緊張を盛り上げるためにしばらく停止すると、またゆっくりと前に倒れて鼻をくっつけにいきます。彼女の顔と声はますます喜びにあふれていますが、わざとワルい顔をしています。こうなるとジョーイはますます緊張しかつ興奮します。笑顔が凍りつきます。彼の表情は喜びと恐怖の間を行ったり来たりします。

クレアは今この瞬間のゲームへと、わざと大げさな仕方でのめり込んでいきます。まるでさっきの電話や記憶を、蜘蛛の巣みたいに振り払うかのように。彼女は近づきつつ「さあ来た」、後ろに巻き戻りつつ「おや遠くなった」というような何かぼんやりしたことを考えています。彼女はジョーイとともにいるために、自分をやっと解放できたようです。

最後に鼻をくっつけに来られたときジョーイが張りつめて圧倒される寸前だったことに、クレアはまだ気づいていないようです。そのため、またしばらく緊張を盛り上げるための間を置いた後、鼻をめがけて倒れながら、今度はさらに大げさに「ォォォオゥ！」とやりました。ジョーイの表情は固まります。彼は目をつぶり、顔をそむけます。

クレアはやっとやり過ぎたことに気づき、関わりをやめました。

ジョーイはこう感《かん》がえます。

突然、ママの風が変わる。ママの顔の世界がぐいっと上がり、空間は閉じ、ママはさわやかな強い風とともに僕に近づいてくる。風はだんだん大きくなる歌声にのって飛んできて、僕を包む。それに抱かれて、僕はすいすい滑り出す。ママが後ろへさがり、一瞬、風はゆるむ——でもそれは、新しい力を蓄えるまでの、ほんの一瞬。風は僕めがけ、また吹いてくる。僕は風が近づいてくるのを待つ。僕はだんだんドキドキしてくる。風がぶつかってきた。僕は大きく横に傾き、それでも前進していく。楽しくてたまらない。この二度目の風が通り過ぎると、ママの風はまたしばらくやんだ。僕はゾクゾクするようなスピードで進んでいるけれど、ちょっとバランスを崩す。風のやんでいる間に、体勢を立て直さなきゃ。なのにママの次の風が、もう僕に向かって押しよせてくる。空間や音をピシピシと駆り立てながら、風は僕めがけて吹いてくる。僕は何とか立ち向かい、風と一緒に走ろうとするけれど、徹底的に打ちのめされてしまう。僕は震える。立ち往生だ。どうしよう？　僕は顔をそむける。ママの風に背を向けて、静かな水中に滑り込む。一人

……ぼっちで。

この三度目の接近は、あまりに強烈で過度な刺激になったようです。ジョーイはまだ二回目の風のせいで「バランスを崩」しています。これは彼が、やはりまだ自分で興奮のレベルをコントロールしきれないということです。そのため三度目の接近が「押しよせてくる」と、ジョーイはもはや刺激を制御することができなくなります。「徹底的に打ちのめされ」て、彼はそれと戦おうとしはじめます。我慢できる興奮の閾値を超えてしまい、彼はもう少しで圧倒されそうになりながらたじろぎ、怖れ、また混乱しています。彼がそっぽを向き、一人きりで「静かな水中に滑り込」んだのはそんなときでした。

クレアは突然、そのゲームをやめます。彼女ははっと我に返ったため、これから本格的になるという矢先にゲームは脱線してしまいます。彼女はまた自分の母や妹からの影響をぬぐい去り相殺するために、自分からむりやりゲームに没頭しなければならなかったことに気づき、ある意味で大変ショックを受けます。彼女はおおよそ次のようなことを感じ取ります。

……………………

ああ！　私は自分のために、必ずしもジョーイのためでなく行動していた。私は自分を救うために彼を必要として、ひょっとすると利用してさえいた。だから私たちの間に起こっていたことを見逃したんだ。これは私がママやニコルにされたことだと、さっき私が自分で言っていたことそのものじゃないの。

彼女はここで少し間をおきます。

ジョーイはもう母親のほうを見てはいませんが、落ち着きを取り戻します。彼はこう感じ取ります。

……………

静かな水の中で、僕の中のざわつきはおさまっていく。だんだんとおさまって、しんと静かになる。

……………

ジョーイは、いわゆる「自己調整《セルフ・レギュレーティング》」をしているわけです。彼は自分を圧倒していた（母親からの）刺激を自分の知覚から切り離し、それを避けています。彼はずっと軽い興奮しか引き起こさない別のものに目を向けたり、そもそも何も見ないようにするかもしれません。そうすれば彼の覚醒度もまた許容範囲に収まり、心拍数も下がり、より低い興奮域に戻ってまた外的刺激に対して開かれた状態になれるでしょう。

クレアはこれを見てとりました。彼女は実際何かに心を奪われてさえいなければ、ジョーイのことをとても敏感に感じ取れるのです。ジョーイが自分で自分の気を鎮めようとしているとき、彼女はこう考えました。

……………

かわいそうに。あなたは私を助けようとしてくれたのに、私は結局あなたを脇へ追いやってしまったというわけね。私はまだ、ちゃんとあなたと一緒にいることができていなかった。私自身が「見てもらって」いると感じられないと、あなたのこともちゃんと「見て」あげられないよう…………ね。あなたのおしゃべりがまた聞きたい。でも、もう私は大丈夫。あなたが今どんな気持ちかも分かる。私もそういう目にあっていたから。私も待つわ、あなたがしてくれたように。

しばらくしてクレアは、ジョーイがまた自分と関わりを結んでも大丈夫というサインを、おずおずと示していることを感じ取りますが、ただしそれはごく弱い刺激でのことです。そこで彼女はささやきかけます。彼は再び彼女へと向き直り、向かい合います。彼女はゆっくりと、暖かな、ほんの少し悲しみの混じった笑みを浮かべます。ジョーイは彼女からの誘いを、このように体験します。

…………しばらくしんとした後、かすかなそよ風が、僕の横顔を撫でる。さわやかな風だ。振り返るとその風が、穏やかになった空の下で、水面に優しくさざ波をたてているのが見える。

二人はまた関わりを結び、一緒に戻れたことを静かに喜んでいます。クレアは思います。

……もう大丈夫――大丈夫ね――また一緒になれた。

この瞬間をくわしく見てきた目的は、あなたを不安がらせるためではありません。「ああ、毎秒毎秒こんなことが起こっているなんて知ったら、気が変になりそうだわ。ほんのささいな振る舞いにも責任を感じてしまって、おちおち息もつけない！」　本当にその通りです。でももちろんすべてを意識しなくてもよいし、また意識しようとすらしなくていいのです。そんなことをすれば身動きがとれなくなってしまうでしょう。日常的におこなうささいな行為はほとんどが意識の外に存在し、またそれでいいのです。それも直観的な育児のうちです。

この瞬間に起きたことは、良いことでも悪いことでもありませんでした。それはただクレアとジョーイという二人の人間にとって自然なことであり、また彼らの日常生活の中で作用している心理からして、自然な相互交流でありました。

クレアは無神経な過ちをたくさん犯したという見方もあるでしょうが、私はそうは思いません。彼女は母親であり、かつ自分自身であるために最善を尽くしています。また彼女は世界でたった一人のクレアであるが故に、誰も彼女以上によいクレア、そしてクレアらしいクレアにはなれません。ジョーイは母親のいる場所でどのようにあり、行動し、感じればよいのかを学んでいます。母親は誰かとともにいるとはどういうことなのかを教えてくれる一番の先生なのです。ですからジョーイもまた、自分の最善を尽くしています。

ジョーイのパーソナリティの発達は、二人がともにつくる独自の相性によって形づくられてゆきます。昔のことに心を奪われ、とらわれてしまい、落ち込みがちなクレアの傾向についてはどうでしょうか。それはジョーイの発達にどんな影響を及ぼすのでしょう?

彼は母親とともにいるいろいろなあり方を学んでいきますが、その手並みはすばらしいものです。赤ちゃんはものの特徴を抽出し、その本質を同定するのが得意です。ある出来事がくり返されるたびに、赤ちゃんは前回その出来事が起こったときにも存在した要素を同定しようとします。そういう要素を「不変要素」といいますが、それはそれが変化せず、いつもそこにあるからです。

たとえばしょっちゅう変化している母親の顔の固定したイメージを、赤ちゃんはどうしてつくれるのか想像してみましょう。朝早く、赤ちゃんがお腹をすかせて泣いているとします。母親は起き出して、赤ちゃんの部屋に入ってきます。目はとても眠たげで髪は下ろされ、顔は無表情です。それが第一の顔。それから彼女は部屋を出てほ乳瓶を取りに行き、途中で顔を洗って髪を上げ眼鏡をかけて、もう少しいい顔で授乳しにきます。それが第二の顔。

その朝またしばらくして、彼女は出かける支度をします。口紅を塗り、髪を別なふうに結い直し帽子をかぶります。ちょっとの間、赤ちゃんと遊びに部屋に来ますが、ほとんど笑顔です。それが第三の顔。赤ちゃんは三つの違った顔を見たことになりますが、自分には三人別々のお母さんがいるとは思いません。そのかわり赤ちゃんは彼女の顔の変化しない特徴、すなわち目の色や形・額に対する鼻の長さといった、不変要素を同定するのです。赤ちゃんは眼鏡や髪型や口紅や表情のような、変化する要素は省いてしまいます。不変要素をかき集めることによって、赤ちゃんは母親の外観の「公式」の表象となるような、彼女の顔の原型をつくり上げるのです。

物理的な原型を形づくるこの同じ過程を、典型的な母子交流というもっと興味深いものに当てはめると、誰かと「ともにいるあり方」の原型といったものにたどり着きます。こういう原型の不変要素とは、次のようなことです。その人と一緒にいるとどんな気持ちがするか？　どんな行動がとられ、またとられないか？　どんな表情が見え、どんな音がするか？　クレアとジョーイがともにいるときの典型的なあり方からすると、母親と「ともにいるあり方」のいろいろのうちで、彼が今後自分の世界の中で予測可能な部分として頼りそうなのは、どんなあり方でしょうか？

ジョーイにとってそういう一つのあり方は「励まし屋」、人気者、あるいは生命の与え手になることです。実際ジョーイはもうすでにそういうことが上手であり、彼の母親との関係における重要な部分は、母親をいま現在へと引き戻す彼の能力です。彼は年をとるほど人びとを活気づけ励まし、情緒的に落ち込んでいくのを防ぐことにますます熟達していくとも予測できます。ガール・フレンドや妻を選ぶとき、そういう才能のあるパートナーを必要とする人を選びさえするかもしれません。

ジョーイと母親が「ともにいるあり方」には、次のようなあり方も含まれます。つまり、彼女があまりにも何かに心を奪われていて、刺激を適切なレベルで与えることができないと、彼が刺激を他に求めるようになるのです。たとえ母親のそばにいたり膝の上にいても、旺盛な好奇心を発達させ、自分自身で周囲を探索するようになるかもしれません。この好奇心や探索傾向の特徴は、母親が背景にいて生じる点です。彼の自主的な探索は一人での活動ですが、背景に人物がいてこその経験なのです。したがってジョーイはたとえ物理的に一人になったときでも、精神的に完全に一人になることはないかもしれません。

ジョーイはまた、自分自身の過剰な興奮をうまく自己調整できるようにもならねばなりません。そういうことは母親が一時的に無神経なときや、彼女が自力で立ち直るために彼に密な関わりを強要してくるときなどに生じてきます。彼は、自分でうまく気持ちを鎮められる人になるでしょう。

最終的にはジョーイは、ある種の軽い抑うつすなわち「微小抑うつ」に見られるような、母親との「ともにいるあり方」を知ってゆくでしょう。クレアが関心を向けなかったり、スローダウンしたり、悲しみを帯びた追憶に浸ってしまい遠くなると、ジョーイは母親の内的状態を部分的に真似たり、それに共鳴したりするでしょう。彼は「悲しみをよく知る」ようになり、自分の中心に何か傷つきやすいものを抱くように、別の言い方をするなら「情《ソウル》」をもつようになります。

それがそんなに悪いことでしょうか？　いいえ、ちっとも。少なくとも私は、まったく悪いこととは思いません。クレアの影響によって、ジョーイはある種の魅力や好奇心や独立心や自己調整力、そして情を発達させるようになるかもしれないのです。

でももし仮に、クレアがほとんどいつも心ここにあらずで落ち込み無神経であったら、「ジョーイが身につける特性には利点と欠点どちらもあるだろう」などとは言っていられないでしょう。「ほどよい」育児の域を逸脱した、もっと深刻な問題について心配せねばならなくなるでしょう。

すでに「ほどよい」お母さんであったとしても、母親というものは皆、もっといい母親になりたいと願います。ほとんどの母親は、そういう育児に役立つテクニックを熱心に獲得して、外側から自分を変えていきます。

けれどもあなたは、内側からよりよい母親に変わっていくこともできるのです。それがこの微視的な、刻々の状況描写を紹介した主なねらいです。母親としての振る舞いが（それだけではないにせよ）あなたの人間性をいかに徹底的に、真に表すものか分かるでしょう。この認識は重要です。というのもそれはあなたの問いを、外的な情報に向かうものから「わが子にとって自分はどんな存在か」「わが子の人格形成に関わる人間としての自分のあり方が、そこにどう表れているか」という、より深い内省へと変えてくれるからです。そんなふうに見ていくと、母親としての経験を生かして、自分に内側からの、本当の変化を起こせるかもしれません。

第Ⅲ部　母親の適応

第9章 特別な配慮のいる子どもたち——未熟児や障害児の赤ちゃん

一人の女性が母親として適応していく場合、彼女はわが子がどんな赤ちゃんであるかを考えるだけでなく、子どもをもったことで自分がどんな存在になったのか、そして将来どうなりたいのかを考えるものです。この章では、赤ちゃんが未熟児だったり特別な配慮のいる子であったときの母性への適応という、特別な問題に焦点を当てたいと思います。

今日では、障害をもった子どもたちについて非常に優れた情報が手に入り、この難しい状況に対処する家族への支援を提供できる協会や財団もあります。そこで私は、この特別な配慮を要する子への対応という課題に、少し違った視点からアプローチしたいと思います。それは、自分の母親アイデンティティを育もうとしているときに、わが子が発達の遅れや重い障害をもっていることを知った女性の前に立ちはだかる「壁」という視点です。新たに母となった人が直面する壁の中でも、わが子が必ずしも完全に健康なわけではないと知ることは、最も強烈な衝撃になりえます。

未来の終わり

新たに母となった人にとって、想像力が大切であったことを思い返してください。自分の心に映った未来にどんなふうにくり返し働きかけながら、あなたは人生の劇的変化に適応していくでしょうか？　あなたの想像上の赤ちゃん、どんな母親になろうかという夢、自分の家族は将来こんなふうになるだろうという考えといったものが、すべてあいまって妊娠中の思考を占めています。これから生きる新たな人生を、うまく受け入れさせてくれるシナリオをいろいろ試してみるには、心の中で未来とたわむれる作業は欠かせません。

「もし赤ちゃんにどこか悪いところがあったら」と考えない女性はまれです。あなたもきっと妊娠中にはこうしたことを考え、はたして自分はそんな赤ちゃんが必要とするものを与えられる強さをもてるのかと考えたことでしょう。けれどもたとえあなたが妊娠中に悲観的な可能性を考え尽くしていて、赤ちゃんが身体的問題をもっているかもしれないという現実的な証拠があったとしても、実際に障害をもった子どもを授かったときの衝撃には思いも及ばないでしょう。こうした状況に陥ったどんな親にも、誕生後の数週間や数か月間になさねばならぬ、膨大な心の仕事が待ちうけています。

赤ちゃんに問題があると知らされると、あなたにはもうこの赤ちゃんを幼稚園児として、青年として、大人として、一人の親として、また自分の老後の面倒を見てくれるかもしれない誰かとして、はっきりとは思い描けなくなります。あなたは理想の赤ちゃんを失うだけでなく、もっと大事なこととして、自分の赤ちゃんと家族の未来を期待する自由を失うのです。

たとえばある母親はこのように述べました。「いつか二人の子どもたちと手に手を取って歩く日が来るだろうと、いつも思い描いていました。でも今は目の前に、空っぽな空間が口を開けています。決して歩けるようにならない赤ちゃんの世話に一生を費やさねばならないのかどうか、それすらも分かりません。自分がどうなってしまうのか、自分でも分かりません」。

深刻な発達の遅れや重い障害を負った赤ちゃんの誕生は、事実上時の歩みを止めてしまう外傷《トラウマ》です。そうしてあなたの時が止まると、現在を超えて想像するあなたの能力もまた止まってしまいます。突然、未来は予測がつかなくなり、また情緒的にも想像できないものになります。その同じ瞬間に、妊娠中の希望と夢のいっぱい詰まった過去もまた抹消され、思い出すのもつらくなります。親たちは永久に続いてゆく現在に閉じ込められた、囚人となってしまうのです。

わが子の未来を思い描くことは、写真――つまり時間の薄っぺらな一切れ――のようなものではありません。それはむしろ、未来に向かって展開していく複数の小さな物語の形を取った、願いや怖れや空想《ファンタジー》の、進みゆく時刻表のようなものです。母親であるあなたが思い描ける未来をなくし、過去をも抹消されて現在に囚われると、想像をふくらませるプロセスをそっくり奪われることになります。わが子や母としての自分についての物語を練り上げられず、計画や創造性のための精神的な作業空間から切り離されてしまいます。こうしたすべてが心の内で進行する間に、外の世界ではあなたは、愛し、耐え、立ち直るためのありったけの力をふるうことを求められ、必死で戦っているでしょう。

母親にとって、障害や遅れのある子どもに真正面から取り組めるようになるまでのプロセスは、ある程度予測のつく道のりですが、それでも個別的なことにはまったく予測がつきません。こうしたお母さんに共通して言えることは、障害の向こうにある子ども自身を見る必要があること、自分の母親としての能力を疑ってしまいがちなこと、わが子を愛し、同一化し愛着できるかという問題に取り組まねばならないこと、そして最後に決定的に大事なことですが、新しく夫婦の関係を築き直さねばならぬことでしょう。しかしどんな場合にも状況は、障害の可能性について知ることから始まります。

赤ちゃんの抱える問題を知ること

障害をもつどの子も、その子独自の歴史をもっています。同じようにどの家族も、その家族なりの道すじをたどって、その病気の性質や帰結を発見してゆきます。その苦悩に満ちた不確かな発見の過程は、しばしば赤ちゃんの問題そのものよりも、もっと多くの苦悩を生じさせます。

家族にとってはその発見は通常、医療スタッフが問題を伝えた瞬間、いや多くの場合伝えるのを遅らせた瞬間に始まります。誰もが、出産をめぐるお定まりの手順を知っています。たとえば「おめでとうございますジョーンズさん、元気な女の子ですよ！」など。こうした言葉から少しでも目立った逸脱があれば、それは親の意識に深く刻まれる警告信号となります。この最初の瞬間が、親にとっては決定的瞬間となり、あたかも時限爆弾が自分たちのど真ん中に投下されたように感じられるのです。

問題の全容がはっきりしないこともあるためスタッフは、赤ちゃんには「危険がある」とだけ伝えます。医療関係者は、たとえその知らせを細心の注意で扱ったとしても、ひとたび告知がなされれば自分たちの仕事は終わったかのように振る舞うことが多く、深く傷ついた家族を残して立ち去ってしまいます。医療スタッフには本当に分かっていることや合理的に予測できることしか言えないでしょうが、いっぽうで家族は当然ながら孤立し、無数の問いを抱えて戸惑うのです。

ほとんどの場合、医療の専門家を含め誰も、事態がいつ、どう転ぶか分からないのが真相です。この不確実性が、子育てという経験の最も難しい部分であり、耐え難い苦悩とともに、将来を思い描けないことからくる無気力状態をもたらしかねない部分なのです。親たちは通常、発達の節目節目を楽しみにし、おすわり、あんよ、初めての言葉、それに時には試験合格といったことをすら心待ちにしているものです。そうした節目節目の目標に、期待した年齢で到達できないと、苦悩や悲しみや罪悪感の波がざわめきだすこともあります。

こういう状況の不確実さが、何年にもわたって引き延ばされることもあります。赤ちゃんのジョーンの物語には、あまりにもありふれた筋書きが読み取れます。ジョーンは、生まれたときにはまったく正常と言われていました。このご夫婦にとっては初めてのお子さんだったのですが、生後二か月の頃には両親は、ジョーンの視力について深く心配するようになりました。目の前に物をもってきても、ちっとも嬉しそうにしなかったのです。両親がかかりつけの小児科医に相談したところ、やはり小児眼科医に診せる必要があると言われました。その数週後、この子の視力にはある程度の障害があるだろうとの判断が下り、医師は視力検査を一通り受けるよう勧めました。

ジョーンが四か月になったとき両親は、ジョーンが治療法のないまま悪化していく病気におそらくかかっており、一歳の誕生日を迎えるまでに完全に、かつ永久に失明するであろうと宣告されました。打ちのめされて、両親はまた別の意見を求めました。二人目の眼科医も大筋は同じ意見でしたが、そこまで厳しい状態であるかどうか分からないとし、時期的なことについても前の医者ほど断定しませんでした。これが両親の期待に再び火をつけ、彼らはもっと別の意見を求めました。しかしジョーンが八か月にならないうちに、彼らは医学的に一致した意見に至ることになりました。ジョーンは、完全に失明していたのです。

この診断によって、発見に至るまでの不確実さに満ちた長い時間に終止符が打たれたと思われるかもしれません。しかし実際は違いました。ジョーンの両親は決して希望を棄てず、息子の病気について手に入る限り、あらゆる文献を熱心に読みあさったのです。ジョーンが一三か月になった頃、彼らはロンドンで試されている新しい治療法について読みました。連絡を取り相談に出向きましたが、ジョーンにはその治療法はあまり合わないと判断されました。

ジョーンが二歳にさしかかる頃、両親はマドリードでおこなわれている新しい手術のことを知りました。彼らは二歳半になったジョーンをさらなる相談のため現地へ連れて行きましたが、しかしまたしても手術の許可は得られませんでした。

その家族に私が最後に接触をもったとき、ジョーンは四歳になっていました。両親は他にも医学的援助を求めようとしていましたが、しかし望みを失いかけていました。彼らは完全に諦めているわけではありませんでしたが、彼らの場合にはそのせいでかえって、ジョーンの失明に対する喪の仕事が妨げられていました。彼らはジョーンを失明した若者として思い描きはじめ、心理的には受容へと向かう重要な一歩を踏み出してはいたのですが、それでもまだ治癒への希望を棄てきれずにいました。これがあだとなって彼らは、特別支援教育のために早くから打っておくべき是非とも必要な手立て、たとえば点字を習わせるなどといったことについて、ちゃんと考えられずにいました。というのも特別支援教育の計画を考えることは、両親にとって彼がもう治らないことを意味したからです。月日が経つにつれ、彼らは大切な発達上の時期を逃してゆきました。

これは引き延ばされた不確実性の、極端な例のように聞こえるかもしれませんが、決してまれではないのです。普通とは違う状況を受容するには、非常に長い時間がかかります。否認の段階を何とか乗り越え、理想としていた想像上の赤ちゃんと、現実の完全ではない赤ちゃんとの溝を埋めるには、何度もくり返し努力せねばなりません。こうした状況では、建設的な現実主義という、か細い一本の道をたどることが求められます。この道の両脇には、かたや無気力と絶望の危険をはらむ悲観主義、かたや現実的な手段を踏み安定した心境に至ることを妨げる楽観的な否認が、横たわっています。このジレンマは、目の前の現実の赤ちゃんと、夢みて望んだ赤ちゃんとを比べるとき、程度こそ違えあらゆる親に起こってきます。どんな重症度にせよ病を得た子どもの親では、このジレンマはさらに何倍にもなります。

私たちの文化では、未熟児の赤ちゃんの誕生はますますありふれたものになりましたが、それはそれ自体として検討の必要な課題だと思います。未熟児の誕生を経験する親は、障害を負った子の親として直面するいくつかの問題とともに、どんな子の親でも直面する問題にも対処しています。

ネルの物語はよい例でしょう。ネルは一か月半早産で生まれました。医師たちは両親に何らかの発達の遅れが出る可能性もあると警告しましたが、初めの数か月でどの程度の遅れが出るか予測しがたいとも正確に伝えました。両親は不安を抱えたまま退院しました。

生後三か月までにネルの両親は何かがおかしいと思いはじめ、さらに同月齢の他の赤ちゃんたちを見て、ますますそう確信するようになりました。ネルが四か月になるまでに、両親は小児科医に相談に行きましたが、「確かに若干の遅れはあるけれど、未熟児の子はあとで追いついてくることが多いから、もう数か月様子を見てはどうか」と勧められました。

ネルが六か月になったときにもやはりまだ遅れているように思われたので、両親は彼女に数週間かけて神経学的・発達的評価を受けさせました。八か月になろうとする頃医療スタッフは、ネルに中等度の遅れを確認しましたが、はっきりした診断はできませんでした。彼らは両親に「正常の成長曲線に少しでも早く追いつけるよう、ネルと遊び、刺激してあげるように」と告げました。両親はそれを実行するようになり、また幸いなことに身体的治療や特別支援教育など、ある程度の専門的援助を得ることもできました。

家庭内にこのような管理体制ができた結果、ネルと両親の関係の質に微妙な、しかし重要な変化が生まれました。両親は親であると同時に教師となってしまい、いまやひっきりなしにネルを刺激したり、彼女の学習を促進し、足固めし、発展させる新たな手段を考えてばかりいるようになってしまったのです。ただ単純に楽しんだり、自発的に振る舞ったりすることはますます難しくなってゆきました。これまでの章で述べてきたように、赤ちゃんの発達には即興が大事です。けれどもネルの両親は、教えたり刺激したりにあまりにも熱心であったせいで、即興で何かするのはほとんど無理だったのです。

ネルの両親はこのやり方を続け結果を待ちました。彼らは六か月後、ネルが一四か月になったときに再評価を受けさせました。医師は、確かにある程度追いついたようだが、このまま改善していくかどうか、またどの程度の割合で改善していくか判断するにはもっと時間がいると言いました。一般には未熟児として生まれた子どもが比較的早く追いつく場合、通常二歳までに追いつきます。もっと遅い場合には六年くらいかかることもあり、より特殊な場合では、完全には追いつけないこともあるのです。

多くの場合、未熟児として生まれた子が四歳から五歳あるいは学校に行きはじめる年齢となって（これが最終的な試金石）、初めて親にも子どもの精神的・学力的・社会的な特徴が相当つかめてきます。ネルの場合もそうでした。六歳になる頃には学校にもよく適応し、追いついたことが見てとれました。愛嬌があり聡明で、人気者の少女になりました。この物語はハッピー・エンドに終わりましたが、しかし両親はネルの進歩に確信がもてるようになるまで、彼女の将来を現実的に思い描き、ただの親になりきることができなかったのです。これが発見の過程の身を切るような現実であり、それはハッピー・エンドに終わることもあるものの、不確実さがえんえんと続くことのほうがずっと多いのです。

この長く悩ましい発見の経験に耐える母親は、他の母親とは明確に異なる心象風景をもつようになります。どんな新米の母親の前にも立ちはだかる同じ挑戦がこうした母親の前にも立ちはだかるのですが、ただそれがより激しく、見通しにくいのです。こうした女性にとっての挑戦とは何かを言いあてることは易しく、いっぽうでその解決法を示すのははるかに難しいことです。しかし私はあえてそのどちらもとりあげます。まずは挑戦についてです。

障害の向こうにある子ども自身を見る

ほとんどの母親は、わが子がどんな子なのかが分かってくるのを、ワクワクしながら心待ちにしています。その子特有の表現、性格《キャラクター》、人生への取り組み方とはどんなものなのでしょう。しかし障害への心配や、赤ちゃんが何をどの程度できるかという心配が、しばしばその子の本当の性格《パーソナリティ》をまったく見えなくしてしまいます。ある取り乱したお母さんは、こんなふうに言いました。「私には障害の向こうにあるこの子自身を見透すことができない。私にはこの子が見えない！」

あなたが担うべき、親として決定的に重要な役割の一つは、わが子がいったいどんな子なのかを可能な限り明瞭に見てとれる人間になることだったのを思い出してください。その子の長所、才能、好み、生まれもった性質や弱点はどんなものでしょう？　こうしたことを見て取り、子どもが自らの内なるデザインに最も近い道をたどれるように援助できれば理想的です。しかし障害がそれを阻んでしまうと、親はその子にぴったりの道を見いだす手がかりをなかなかつかめません。ある意味で親は、その子の個性の一部を見失ってしまうのです。

赤ちゃんと同一化すること

避けられないこととして、あなたはわが子を自分の延長として、また自分が同一化できる相手として見るでしょう。そればかりでなく赤ちゃんと同一化するプロセスは、満足を与えてくれる、喜びとなるはずのものと考えられています。通常親としてあなたは、共感の働きで、赤ちゃんの内的経験へと引きつけられます。障害は時にこうしたことを生じにくくし、もし赤ちゃんと絆を結ぶ機会を与えられる前に障害を知らされると、それは特に顕著になります。そのような場合、自分の延長としての赤ちゃんにあなたが最初に示すのは、ひどい拒絶反応かもしれません。ある母親は私にこう言いました。「彼が生まれる前へと引き返してくれたらどんなにいいか。これは私の赤ちゃんではありません」と。

必ずしもすべての母親がそのような問題を抱えるわけではないにせよ、普通とは違う赤ちゃんと自分が結びつけられることにどうしても耐えられない女性たちは確実に存在します。おそらく赤ちゃんのことを悲しむ気持ちとあいまって、彼女たちの自己イメージはあまりにも大きく傷つくのでしょう。それを反映した悲しい言葉を、私は何度も聞いてきました。次のお母さんのようにです。「他のお母さんたちが来そうな時間帯には、公園を避けてしまいます。ジョニーについて何を言われても受け入れられません。首の座りがどうとか、ベビーカーの中であまり動かないことなど。たとえ礼儀正しく言われたのであっても」。

また別のお母さんは、悲しげに、深い自己非難をこめて次のように話しました。「私の娘は、きたないピエロのようです。一緒に出歩くのを恥ずかしく感じてしまう」。

同一化へのこうした壁にもかかわらず、障害児のお母さんたちはほとんどみなわが子との愛着を築くのですが、ただその仕方は他の母親たちとは少しだけ違っています。彼女らは自分の赤ちゃんの目を通して世界を見、その子の身になりきって、障害によって押しつけられた人生のリズムで生きるよう強いられるのです。このために母親は、赤ちゃんが完全に普通である場合とは違う同一化のプロセスへと引き込まれます。ある夫婦が説明したようにです。「初めのうち、彼女がサマー・キャンプに行ってしまうと、どんなに寂しかったことか！　しばらく経たないと普通の人の感じ方に戻れないのです。それはあたかも彼女の障害を、私たちも背負って生きていたかのようでした」。

母親は自分自身をどう見るか

健康な赤ちゃんの誕生で、たいがいの母親たちは自分自身を能力あるヒト、つまり健全な赤ちゃんを産み出すことによって種を存続させることのできる者として経験します。障害をもつ赤ちゃんの母親は、まさにこの課題の核心において傷つきます。そうした母親と父親は、自分たちの育児体験が痛みと罪悪感に彩られるのを感じさせられますが、それは当座のみでなく、もっと長引くこともあるのです。障害の理由を取りつかれたように探し求めることもあります。ある母親はそれをこのように表現しました。「こんなことになったのは自分が何をしたせいなのか、あるいはしなかったせいなのか、私は問い続けました。誰かに、どこかに、何かしらの責任があるはずです」。同じくらい苦悩していたある母親はこう回想しました。「私は、神さまに追放されたように感じました。どうしてよりによってあんな赤ちゃんが、私から生まれたのだろう？　私は邪悪なのだろうか？」と。

愛着への壁

赤ちゃんが未熟児として生まれると、何週も何か月も、集中治療室の保育器に入れられるかもしれません。この期間あなたは、自分の赤ちゃんの生命を支えたりいきいきさせるための中心的役割を担うことはできず、時には何の役割も果たせないこともあります。機械と医療スタッフがあなたの代わりをするのです。ともすると赤ちゃんを訪ねる時間すら削られるので、自分の赤ちゃんを知っていく機会すら制限されてしまいます。赤ちゃんにとって自分は看護師より取るに足らない存在だと感じ、また何より自分の能力はより劣っていると感じるでしょう。要するに、あなたは自分の赤ちゃんへの愛着を妨げられるのです。

前の章で私は母子の愛着のパターンについてお話しし、あなたが赤ちゃんとの間で結ぶ関係は、あなたがそれを変えようとしない限り、あなた自身の母親との関係をもとにつくられるだろうと話しました。ここではさらに愛着についてもう少し付け加えたいと思いますが、この研究分野はこの数十年で徐々に重要性を増してきています。

愛着とはある人からもう一人への、特別な絆の確立のことです。母子間のこの絆は最初は身体的なもので、母親を赤ちゃんのそばにとどめる働きをしますし、また赤ちゃんが動き回れるようになると赤ちゃんを母親のそばにいさせたり、あるいは少なくとも周囲の世界に進出していった後、母親のもとに戻りたい思いにさせます。

しかしながら愛着の絆はまた心理的なものでもあり、赤ちゃんと母親が一緒のときに安心感を生じさせます。安心感が最も高まり、安らかな天国にいるように感じるのは、親子が胸と胸を合わせて抱擁し合っているときでしょう。そんなふうに抱かれた赤ちゃんは、怖れることなく世界に向かってゆきます。

ここで特筆すべきことは、愛着の絆が相互的なものであることです。まず母から子への愛着が生まれますが、それは通常生後数週頃にはもう始まっています。母親の愛着が生じはじめるのを見ていると、本当にすばらしいと感じます。通常赤ちゃんは、出産直後の沐浴を済ますと看護師か医師によって母親のもとに返され、彼女の隣のベッドに寝かされます。そのときから母親は、「赤ちゃんとのスロー・ダンス」としか私には表現しようのないものを始めるのです。

ダンスは、お産を終えたばかりのお母さんが赤ちゃんの手足に指先で優しく、おそるおそる触れてみたときに始まります。この時点では赤ちゃんは、なじみはあるものの、まだ他人にすぎません。赤ちゃんが母親の接触を受け入れ、お母さんに赤ちゃんの手足が分かると、彼女はゆっくりと腕や脚のほうへと上がっていきます。このときには母親はより自信をもって、指先だけでなく五本の指すべてを使って触ります。周辺から中心へ、お腹から胸へと触ってゆきます。そこまでたどり着くと彼女は手のひらを開き、赤ちゃんの体を優しく撫でます。しばらくそこに留まってから、母親は決まって赤ちゃんの頭へと進みそれを手のひらでそっと抱き、いっぽうの手の指先か唇でそっと頬に触れます。

この過程は一人ひとりのお母さんによって違うものの、このなじみある他人をよりなじみ深いものに、よそよそしくないものにしようとする彼女なりのやり方です。彼女はこの赤ちゃんを、自分の赤ちゃんにしようとしているのです。彼女なりの愛着の絆を築いているのです。

多くの未熟児たちは、小さな窓を通してしか、それも手袋の上からしか触れてもらえない閉ざされた保育器に入れられています。避けがたいこととはいえ、赤ちゃんはいろいろな管につながれ、しばしばさまざまな機械と人工呼吸器の騒音とに囲まれています。このような環境では、お母さんは愛着の動きを示すことができません。そればかりかたいていの親は、微妙なバランスを保っているこの生き物を傷つけはしないかと、心底怖れています。彼らは引きつけられる気持ちと、怖れと、時に感じる強烈な嫌悪と、そして常に感じている無力感との間で引き裂かれているのです。こうした状況は何週間にもわたって続くことがあり、その間母親は途方もない空虚感を感じることもあります。

最近では、この特殊な愛着の問題を母親が乗り越えるための助けとして、新しい手法が用いられつつあります。多くの未熟児治療室が「カンガルー・メソッド」を用い、赤ちゃんが集中治療室で医学的治療を受け、管や機械につながれていても、同時に母親の胸で肌と肌の身体的接触をもってもらうようにしています。これによって母親と父親は愛着の過程を進んでいきやすくなるのです。また重要なこととして、この手法は赤ちゃんにとっても、医学的によいことが分かってきました。隔離されているよりも体重の増えがよいのです。それは母親にある程度の自信を与えもします。とはいえこの自信は、自宅に帰り赤ちゃんと二人きりの生活をある程度の期間過ごさないと十分にはならないのですが。

愛することへの壁

入院環境や赤ちゃんの状態についての現実に突きあたって、愛着とはまた違う「愛すること」もまた阻まれます。思い出してほしいのですが、母性にとって欠かせない課題の一つは、赤ちゃんを自由にまた十分に愛することができ、また逆に愛される、人間の母親として有能な自分を体験することでした。これもまた脅かされてしまうことがあります。多くの母親が、自分をこれほどまでの混乱に突き落としたこの不完全な赤ちゃんを、愛してゆけるのかどうか疑うのです。しばしば母親はその赤ちゃんを、いったい本当に生かしておきたいのかどうかさえも自問します。

未熟児をもったあるお母さんは、息子が病院にいた六週の間、彼とほとんど何の接触ももてませんでした。その時点では本当に知りもしなかった赤ちゃん、実のところ望みもしなかった赤ちゃんを、一人で病院に迎えに行った様子を、彼女は語りました。車の後部座席にとりつけたベビーシートに赤ちゃんを乗せたのですが、彼女はきちんと安全確保をしなかったのでした。

高速道路に入ったとき、前の車が急に進路変更してきたのに気づいて、彼女は急ブレーキを踏みました。そのせいで赤ちゃんは急に揺さぶられ、はっと気づくと椅子から落ちて前方座席の下に転がり込んでいました。即座に車を脇に寄せ、彼女は後ろのドアに駆け寄り赤ちゃんを抱き起こしました。彼を腕に抱き取ったそのとき、この子は自分の赤ちゃんなのだ、そしてこの子の面倒を見ていくのは私なのだと彼女は初めて思ったといいます。そのときから彼女は、赤ちゃんを愛することを学びはじめました。

すでに述べたように未熟児のお母さんは、妊娠最後の数週で、自分の現実の赤ちゃんに出会うための準備をすることが許されません。その赤ちゃんは、母親がまだ自分の夢と希望の赤ちゃんにかなりとらわれているときに、生まれてきてしまいます。妊娠期間をまっとうできなかったというある種の自尊心の喪失に加えて、そのことがさらにまた、赤ちゃんをすぐに愛しはじめる彼女の能力を妨げることがあります。また突然かつ早すぎる出産からくるストレスも、当然影響するでしょう。こうした条件があいまってその母親は、生まれたばかりのわが子を、自由にやすやすと愛するというわけにはいかなくなるのです。しかしほとんどの場合には母性がほどなく現れてきて、愛する難しさは次第に薄らいでゆきます。

夫婦の関係を築き直すこと

障害をもった子どものお母さんは、時にその障害を、夫ではなく自分自身の失敗と考えることがあります。結局、五体満足な赤ちゃんを産むことはすべて私の責任なのだと、お母さんは内心思っているのかもしれません。特に出産の過程で起こった出来事によって障害が生じたとしたら、彼女はひどく責任を感じるでしょう。すでに責任を感じていて、またこの問題を知ったら夫がどんなに絶望するだろうと思うがゆえに、彼女は夫にことの重大さを伝えないようにするかもしれません。ある母親は赤ちゃんを自宅に連れ帰るときがくると、夫にこの経験から来る苦悩を味わわせたくないあまり、一人で病院に戻りたくなったといいます。

赤ちゃんが病院にいる間やまた退院してからも長期にわたって、両親はお互いをいろいろな方法で守ろうとします。障害をもった子どもの基本的な世話は、通常の場合よりもいっぽうの親（普通は母親）により重くのしかかってくることが少なくありません。いろいろな展開が予測されるものの、ほとんどの場合、家族の生活は永久に変わってしまうでしょう。

たとえば障害をもつ男児の父親は、障害の存在によって自己愛が傷つき、ついには息子と過ごすことをつらく感じるようになることさえあります。すると妻は、自分の役割以外に父親役の多くをも肩代わりして皆を守ろうとします。逆に父親は息子と強く同一化して、まったく普通の状況下でおこなっただろう世話よりも、ずっと多くを担うようになることもあります。この場合彼は、息子に障害がなかった場合よりずっとよい父親になるかもしれません。いずれにせよ障害をもった子と暮らす家庭では、正常分娩の場合とは違ったふうに、役割や協力関係が発展していくことが多いのです。

パートナーを責めること

赤ちゃんが問題をもつ場合には、いっぽうの親が責められることが非常によくあります。この感情は実は現実に根をもっていることがあり、それはたとえばいっぽうの家系が特定の遺伝子をもっているとか、あるいはいっぽうの家族にある種の身体的・行動的な特徴が伝わっていることが分かっているなどの場合です。

非難にはしかし、それが根付く土壌があるはずです――たとえばいっぽうのパートナーが他方のある特徴に対して、すでに不信感や嫌悪感を抱いていた場合など。そんなときには問題とされているその特徴が夫婦関係の亀裂となり、障害をもつ子どもが巻き込まれかねません。非難は子どもの誕生前にすでに存在した問題の続きか、もしくはそれが拡大したものになるのです。

夫婦関係の危機

障害をもった子どもの誕生は、もとの夫婦関係がどんな強固なものであったとしても、夫婦の結びつきに新たな危機をもたらしかねません。ある母親はこのように説明しました。「私たちはあえて一緒に寝ようとはしなくなりました。そもそもこういうあらゆるトラブルの出所である『それ』を考えても、何の喜びも感じないのです。悪い想い出や連想がわき、そのせいでまったくうまくいきません」。

また別の場合には、それまでの仲間とのつきあいが突然消えてしまったり狭まってしまうために、親たちは孤立感を抱くかもしれません。他の子とは違う子どもをもつことによって、他の親とは違う親だという感じが生じることもあります。彼らは自分たちの経験やつらさを分かち合う相手を一切もたず、しばしば他人を退屈させるのではと怖れたり、あるいは他人には自分の日常がどんなものか理解できないのではと考えたりします。社会的に孤立しているのに気づき、それが失敗の感じを強めます。「自分たちを完全に打ちのめした問題へのサポートを、私たちはまったく得られなかった。まとめて放り出されて、それっきりだった。家族まるごと放り出され、孤立して、孤立して、孤立して、どこにも出口はない」。

こうした親たちはセックスと社会的接触ばかりでなく、普通なら夫婦関係の支えとなるはずの多くのものを失うのです。赤ちゃんの世話に莫大な時間と努力を余分に費やさねばならず、またしばしば予想もしなかった莫大な出費を強いられます。親戚も寄りつかないことが多いため、夜の外出や数時間の休憩をとるにも世話を代わってくれる人はますます見つけにくくなります。休暇をとるだけのために、他の家族なら決して必要としないような込み入った算段をしなければならないこともあります。

壁を乗り越える

障害をもつ子を授かることの問題に直面した多くの夫婦は、それまで思いもしなかったほどしっかりと団結し、子どもがまったく正常だった場合よりずっと強靱な、強くて愛情深い完全な家族となります。しかしながら私がここで述べたような障壁をいくつか、あるいはすべて経験する家族も多く、そうした障壁はたとえ越えられないものではないにせよ、数多くまた乗り越えがたいことには誰もが賛同するでしょう。

おそらくこうした困難を乗り越えるために一番大切なのは、自分が何を経験しているのかを探り、それを他の誰かと共有する道を見つけることです。これはあらゆる新米の母親や父親について当てはまることですが、赤ちゃんが問題を抱えていればなおさらです。最も得るところが大きいのは、似た状況におかれている他の親たちと、そして目下のこの独特の状況に精通している専門家と、問題を分かち合うことです。探索し、話し、共有することは、その人の空想《ファンタジー》、怖れ、満たされない願望を探り当てるのに必要不可欠であり、こうした経験に形を与えるのに欠かせません。そうしたものは、いったん言葉になると吟味しやすくなります。すると人生を進んでゆきやすくなるのです。また共有することで、多くの親が感じている孤立は、それが現実のものであれ想像上のものであれ、打開できるものに変わります。

障害児や未熟児をもった母親の大多数は、出産後数週や数か月の間に、一種の外傷を経験するのだと私は確信するようになりました。こうした母親たちは援助抜きで、一人でがんばるようにと放置すべきではないのです。とはいえ私は、精神医学的な援助を主と考えているわけではありません。こういう状況におかれた母親というのは精神医学的な症例ではなく、むしろ極端な状況によるストレスにさらされているだけの、まったく普通の人なのです。

そういうお母さんが最も必要としているのは、協力関係を結べ、彼女の経験を理解できる誰かからの、一種の専門的支えだと思います。彼女は自らもその一員だと本当に感じられるような場で（もちろんささやかな場でしょうが）、一人の母親として認められることを求めています。こうした仲間はお母さんが赤ちゃんと触れ合えるように助け、赤ちゃんのできないことばかりでなく、実際できることや分かっていることを教えて、お母さん自身が赤ちゃんをもっと知っていけるように手助けするでしょう。そうすれば最終的には、小児科医や神経科医や眼科医や看護師や理学療法士や特殊教育の専門家や、その他赤ちゃんの治療に当たっている大きな専門家チームの人たちから、いやでも寄せられるさまざまな意見や方針を、お母さん自身が考え合わせて判断できるようになるはずです。こういう多種多様な意見は、もしそれを調整しそれについてお母さんと話し合う人がいないと、そのお母さんの世界を断片化してしまいます。

私はこうした壁に対処するもう一つの道についてお話ししたいと思うのですが、それはもう一人別に赤ちゃんをもうけることなのです。反論が寄せられることは承知していますが、それでもやはりこのことは、真剣に考えてみる余地があると思います。もう一人子どもをもつ前に、障害をもつ子どもの誕生に伴って生じる喪失感を乗り越える十分な期間が必要だとおっしゃる向きもあるでしょう。しかしながらこうした喪の期間は何年にもなることがあり、するとおそらくもう一度妊娠に挑戦する時間はなくなってしまいます。意外に思われるかもしれませんが、二人目の子の誕生や養子縁組は、先にお話しした「永久に続く現在」から、親たちを解き放ってくれることが多いのです。

二人目の子どもは、母親の自信を回復させてくれます。自信が回復すれば親たちは、時の流れを再開させ、家族や自分たち自身の将来についてもう一度考えてみられるようになります。私が言わんとしているのは、障害をもった赤ちゃんを新しい赤ちゃんで置き換えるなどということでなく、次の子に初めの子や家族の手助けをしてもらおうということなのです。二人目の子は、一人目の子の問題を大局的に把握できるようにするのに計り知れぬ役割を果たし、そうすることによって初めの赤ちゃんを無益な詮索から解放してくれます。親たちは障害をもった子を、一個の人間として見られるようになります。

　この分野の問題は膨大であるように思えるかもしれません。しかし自らの経験を探索し、他者と共有し、危機と適応の最初の期間に心理カウンセリングを求めることのできる親御さんは、徐々に自分たちの状況を明確につかみ、その苦痛から離れてゆけるでしょう。そうすれば親御さんたちはその状況に対処できるようになり、ついには時の流れに再び加われるようになります。旅路を歩みはじめた頃にはとても想像できなかったような仕方で、わが子を育み、愛せるようになるのです。

第10章 いつ仕事に戻るか?

あなたの母性は、永久にあなたの心の中心を占めているのではないことを思い出してください。それは非常にゆっくりとですが背景へ押しやられ、そこに留まり、いつでも必要なときにだけ前景に呼び戻されるのでした。赤ちゃんの誕生から（あなたの状況により）数か月あるいは数年を経て母性が背景に退くときには、母性はあなたの他のアイデンティティと共存できるようにならねばなりません。

これが母性の適応期です。つまりあなたの多くのアイデンティティと、母親としての生き方のバランスをとるのです。あなたのもつ他のアイデンティティには実家における役割や、妻としての役割や、地域での立場などがあるでしょう。しかしおそらく調和が最も難しいのが、母親としての役割と、職業上の役割です。どのお母さんにとっても、仕事への責任と赤ちゃんへの責任との避けがたい葛藤を自分なりに解決することは、新しい母親としてのアイデンティティを自分の人生の残りの要素にうまく統合するために欠かせないことです。

今日では復職をめぐる疑問に苦悩し、落ち込み、罪悪感を感じ、困惑し、あるいは深くアンビバレントな思いを抱かない母親のほうがむしろまれでしょう。母親となった人は、働くべきなのでしょうか？　もしそうであるなら、いつ職場に戻るべきなのでしょう？　幼い時代に赤ちゃんと家で過ごしてあげることは、どの程度大切なのでしょうか？　子どもが育ったとき、あなたは振り返って違ったふうにしておけばよかったと思うでしょうか？　これには決まった正解などなく、完璧で恒久的な解決はあり得ません。比較的よいか悪いかの妥協案があるだけです。そればかりか、あなたが毎回解決にたどりついても、それは予期せぬ出来事や予想もしなかった気持ちのために、すぐに変わりうると覚悟していなければなりません。

政治的・経済的現実

復職する母親についての問題は、私たちのひたされている政治的・経済的文化を考えに入れないでは論じられません。あなたが直面する非常に悩ましい決断は、たいていあなたの家族特有のものであり、きわめて個人的なジレンマのように見えるでしょう。しかし実際にはあなたの下さねばならない決断は、社会の政治的な優先順位によって決定づけられているかもしれないのです。あなたを締め付けているものは、純粋なる「母性」でなく、実際には二一世紀初頭のわが国（アメリカ合衆国）における母性かもしれないのです。

アメリカでは、仕事をもつ妊婦が、まったく産休を取らなかったりほんの三、四週しか取らないことも珍しくありません。もっと長い休みを認める雇用主もいるでしょうが、多くの場合この休みは、母親の私的休暇や病気休暇やバカンス休暇として扱われるか、あるいは自宅にいる何か月かは無給の扱いにされます。さらにそういうプレッシャーに加え、彼女の仕事は復帰してももうそこにはないかもしれないし、仕事が他の従業員に吸収され、自分なしでも回っていたことを知って、家にいたことを遠回しに罰せられている気がするかもしれません。

ヨーロッパのほとんどの国では、女性は三か月から六か月の産休を自動的に取れ、さらに育休としてもうひと月許されることになっています。スウェーデンでは女性は一二か月の休暇を給与の八五パーセント（最近まで一〇〇パーセントだった）つきで自動的に取っています。さらに驚きなのは、母親となった人はその一二か月を、七年の期間中どこでも好きなように使っていいのです。つまり最初の一年間を完全に休みにするとか、半日労働を二年間続けるとか、年に三か月の休みを四年にわたって取るなどしてもいいわけです。スウェーデン政府は最近またこれに改正を加え、幼い子を抱えた家庭で父親がより大きな役割を果たすよう推奨するために、与えられた月々のうち一か月は父親が家にいるよう求め、さもなければそのカップルは一二か月の休暇の権利を失うこととしました。

同様に興味深いのは、復職するときその女性には休暇前と同じ賃金水準に戻る資格があることを、スウェーデンの法律が明確に定めていることです。そういう条件におかれているスウェーデンの父母たちは、少なくとも最初の頃には、赤ちゃんと家にいるということの大切さやその実現可能性についで、アメリカの父母たちとかなり違った考え方をします。要するに、アメリカでほとんどの母親が経験させられるある種の苦悩やためらいは、大部分が政治や労働文化のせいで生じているということです。

アメリカの母親たちは、無理のある間違った境遇におかれているのではないでしょうか。アメリカ社会は家族を強化するための支援を、あるいは支援しますというリップ・サービスをするかもしれません。しかし同時にアメリカ社会は、親が仕事と家庭生活のバランスをとるのを経済的に難しくしています。その結果数え切れない親たちが引き裂かれ、不自然さを感じ、またわが子と過ごす時間が十分にとれないと感じています。いつ復職するかという問題自体が、そもそも実際の出産よりはるか前から、母親にとって不利な文脈の中におかれているのです。

今日の母親たちは、家庭と仕事の両立の難しさを知りすぎるほど知っています。しかし自分たちが背負い込まされているその妥協は、本当は自分たちの過失ではなく、むしろ社会的慣習の結果であることを見過ごしがちです。保育所や移動の段取り、それに家族が世話を必要とするときには休暇を取れるよう調整する難しさに加え、多くの母親は自分の下した判断についての罪悪感という重荷をさらに背負っています。家計のために赤ちゃんがまだ幼いうちに復職を強いられる多くの母親にとって、この状況は常に苦悩と緊張の源であり続けます。私たちの文化における態度が変わり、そこに公的な政策の転換が伴って、初めてこの緊張は緩和されるでしょう。この国の政治的・経済的なシステムが、子どもと家族の最善の発達を支えずにいるのは恥ずべきことです。

父親が育児に積極的に参加すると、母親ははるかに広い選択の幅を与えられるものの、それは根本的な問題を部分的にしか解決せず、しばしば新たな問題もつくり出します。もし父親が一次的養育者になることを選んだとしても、母親を悩ませていた諸問題はそのまま父親にかかってくるでしょう。

育児を分業することもできるでしょうが、それも万事満足のいく解決にはまずなりません。

　親が赤ちゃんとずっと家にいるかどうかという微妙な問題は、個人的な問題です。母親が強く復職のほうを望めば、代わりとなる適切なお世話の段取りがついている限り、それがおそらく赤ちゃんを含め皆にとって最善だというコンセンサスはあるようです。しかし大多数の母親は、復職するとしてもある時点でしたいのであって、現行の政策が強いているほど早く戻りたいわけではなさそうです。

　私の経験、それに幼児発達の分野にいる多くの同僚の経験からいうと、母親がフルタイムで復職する最適の時期は、赤ちゃんが二歳になった頃のようです。この頃になるとほとんどの赤ちゃんがお母さんに愛着するようになり、その関係を信頼することを覚えます。多くの分離を経験し、それをどう耐えればよいか学んでいます。また母乳による授乳が排卵を抑制する傾向をもつため、次の子どもまで自然に二年間の間隔があくようにできています。もし多くの社会でおこなわれているように母親が一年ほど母乳による授乳をしていたとすると、上の子が二歳くらいになり自立歩行でき、お母さんが他に注意を移しはじめてもよい頃に次の子が生まれることになります。もちろん最適とはいえ家計の必要によっては、こういう時間的枠組みを達成するのは難しかったり、不可能であるかもしれませんが。

葛藤が始まる

　初めて妊娠し、自分の将来を思い描きはじめる頃から、母親たちは復職の問題に取り組むようになります。女性たちは自分に許される限られた選択肢に早くから気づいていて、家にいるか、家族に預けるか、地域の保育所を見つけるかといったいくつかのシナリオを、すぐに思い描きはじめます。しかし赤ちゃんがひとたび生まれるといかに自分の感情が激しいものになるか、何であれ妊娠中にはできそうに思えたことがいかに実行困難かを、本当に見通せる母親はまれなのです。

次に示すのは、この本の初めに登場して読者の皆さんもすでにご存じの、あの三人の母親たちの考えや、出産後も何とか仕事を続けようと彼女らが妊娠七か月目の頃に考え出した戦略です。建築家のマーガレットが一番アンビバレントです。彼女は赤ちゃんと家にいたいという気持ちと、仕事を続けなければというプレッシャーとに、同じくらい強い力で引っ張られている自分に気づきます。

年次報告のため会議室に入っていくと、仲間たちは何とか平静を装っていたけれど、頭上にぶら下がる剣のように懸案のままになっている課題が一つあることが私には分かっていた。私たちはとてつもなく大きな契約をひかえていて、彼らは私がこの赤ちゃんのために仲間を見捨てるつもりなのかどうか知りたがっていたのだ。

私は彼らに雇われてから、私生活で仕事に支障を来したことはない。私はいつもこの人たちに、もし子どもができても出産直前まで働き、産後はすぐに復職すると言ってきた。夫のジムは私の気持ちをまったくよく分かってくれている。私たちは赤ちゃんに丸一日つきっきりで世話してくれる人を雇うと決めた。もう決断は下した――いや、とにかく最近まで、下したと思っていた。でも近頃、よく分からなくなってきた。赤ちゃんと家にいるというのはどんな感じか、実際に考えてみた。時にはそれもいいと思う。私は心の中で妥協策をいろいろと考えてみる。ある晩は、足下の毛布の上に赤ちゃんを寝かせておいて、製図板に向かっている自分を想像してみた。赤ちゃんを職場に連れて来たら、この人たちはどう思うだろう？　赤ちゃんを背負って顧客との打ち合わせにのぞむ図というのは想像がつかない。あるいは自宅で週何日か働かせてくれたり、就業時間を短縮してくれるかも？　いや、そんなことはありそうもない。私を気に入り、私の私生活を尊重すると言ってくれてはいても、彼らは私を瞬時にクビにするだろう。

そういうわけで私は会議室にいても、胃のあたりが締め付けられる感じだった。そこでは私を除いて、何事もあまり変わりなかった。お菓子の皿を回し合ってコーヒーを飲みながら、一つの物事にともに取り組んでいる人たちがするように話し合っていた。ついに私の番が来て、みんな一斉に私のほうを見た。

「さてマーガレット、今度のプロジェクトについては君を当てにしていいのかな？」

「もちろんです」と私は言った。「問題ありません。一〇〇パーセント参加しますから。できることはすべてやります、お任せ下さい」。

私は嘘をついていたのだろうか？　何とも言えない。嘘をつかねばならないことに動揺していたし、はっきり分からないことに困惑していたし、強いられていた選択がそもそもまったく間違っていることに腹が立っていた。とにかく間違っている。私は将来をはっきり見通すことができなかった。

また他の母親の中には、非常に早くから仕事に戻りたい、あるいは戻らねばならないとすでに心に決めており、その考えをすでに受け入れている人もいます。けれどもそれは、心理的な代償なしには実現しないのです。金融アナリストのダイアナは妊娠前からすでに、赤ちゃんができても仕事は続けていくことになると分かっていました。彼女の最大の懸念は、自分はろくな母親にならないのではないかということでした。

………………………………………………

この赤ちゃんが生まれた後の計画を秘書に話すのはもうやめた、だってエイリアンを見るような目つきで見られるから。母親となったばかりの人が子守りを雇うなんて、聞いたことがないのだ。まあいいわ、では私が第一号になりましょう。そういうサービスについてはもう調べてあって、最初の三か月の間、朝の八時から夕食時まで家にいてくれる女性を派遣してくれるそうだ。何よりその女性は、赤ちゃんの世話をするように訓練されている。なんて安心なのだろう。無情に聞こえるのは分かっている。でも正直な気持ちなのだ。

家のことが片付き次第、ひと月以内くらいで仕事に戻るつもり。カールは自営業でそばにいてくれるから、大いに助けてくれるだろう。私は仕事に戻ったほうが、おそらく関係者全員にとっていいのだ。

カールは、ひょっとすると私はどこかの王室の一員なのではないかと思っている。自分の子を乳母に世話してもらって、お風呂もミルクも済んだ、泣いていないときだけ連れてきてもらったら、きっと快適だろうな。もちろん赤ちゃんが私より乳母を好きになったらいやだし、赤ちゃんの人生の一員でいたい。あるいは思いがけない面を自分の中に発見して、すぐに赤ちゃんにかかりきりになったりするかもしれない。でも子どもが大きくなって会話できるようになってからのほうが、私はいい母親になれそう。そうなってから休暇をとることにしよう。

でもこんなことを考えていると、何か不自然な感じがしてくる。私が実際の自分とは違う人間になることを期待されているかのような、今の自分のあり方に何か間違ったところがあるかのような感じが。

三人目の母親エミリーは、妊娠が分かった時点ですでに、より安定した仕事を得るために以前選んだ劇団での仕事を辞めていました。エミリーは仕事に出るより赤ちゃんと家にいるほうに傾いています。しばらくはキャリアを追求しなくてもよいことにある程度ほっとする気持ちもありますが、やはり彼女もこの決断のために、ある種の心理的代償を払っています。

職場の女性たちは本当の友だち。みんなが助言してくれたり出産祝いをくれたり、何かしら話してくれる。ナンシーは赤ちゃんができても、いつでも好きなときに好きな時間だけ仕事に戻っていいと言ってくれる。でもおかしいのだけれど、赤ちゃんをつれて職場に寄ってみるつもりはあっても、私自身そもそも仕事に戻りたいとはそんなに思っていないみたい。

自分の行くところ、どこでもこの赤ちゃんを一緒に連れて行くことを思い描いている。食料品店に行くのに車であいうベビーシートを使ったり、ベビーカーで町に出たり、前がけの抱っこひもから赤ちゃんの手足をブラブラさせているところが思い浮かぶ。そういうのがいい。しばらく仕事とはおさらばするつもり。

赤ちゃんをもつことは、あのもう一つの疑問を棚上げにすることでもある。私が地元の劇団に夢中になっていたことを、かなりの人がまだ覚えている。うまくやれていたとは思うけれど、女優という仕事に身を捧げるために、本当に必要なことをする準備はまだできていなかった。そのことで人からずいぶんいろいろ言われたけれど。それに私の中には、自分に勇気や野心が欠けていたのではという疑問が引っかかっていた（今もだろうけど）。でも赤ちゃんができようというときに、誰も演劇なんて続けられないわ。ものごとは勝手に解決していくものだと思う……。だといいな……。それにそのほうが自然だわ、まるで私はこの道を行くことになっていたとでもいうように。まあ、いずれ分かるでしょう。

三人の女性の三人三様の物語と、母親か仕事かのジレンマに対する三人三様の解決です。他に比べて誰がよいとも悪いとも言えません。その女性が何者であるか、また自らに認めている欲求と能力に誠実でいながらその問題にどう向き合おうとしているかを、これらの解決はどれも同じだけ正直に、かつ現実的に映し出しています。一番大切なことは、自分が一番幸せであり満足だと思える解決は何なのか、よく考えて結論を出すことであり、その答えを得るために懸命に努力することです。他人にあなたはどうすべきだとか、どう感じるべきだとか決して言わせてはなりません。もしあなたが自分を知り、何とともになら生きられるかを知っているなら、自分のおかれた状況から導き出せる最良の妥協案を見いだせるでしょう。長い目で見れば、あなたにとって最良の解決が、あなたの赤ちゃんにとっても最良の解決になることがとても多いのです。

決断の痛み

ふつうは経済的な理由からでしょうが、母親となった女性が希望より早く仕事に戻らねばならないときには、大きな喪失感を味わうかもしれません。決断が外から押しつけられると母親は情緒的に傷つき、産後うつ病をより長くわずらうことになるかもしれません。さらに悪いことに、ほんの三週か三月《みつき》ほどで復職せねばならないと母親が知っている場合には、彼女は実際に赤ちゃんのもとを去らねばならなくなるはるか以前から、悲嘆に暮れだすのです。たとえまだ産休で家にいたとしても、これが赤ちゃんとともにいる彼女の能力に悪い影響を及ぼしてしまいます。迫りくる痛みを、念頭から振り払えないのです。

仕事を休んでより長く家に留まるだけの経済力がある母親たちも、また違う問題を経験します。社会からドロップ・アウトし、自分の受けた教育や就業機会を無駄にしているかのように感じがちなのです。彼女たちは同僚や友人から、はては家族からさえ見下されている感覚と、奮闘せねばなりません。生まれたばかりの赤ちゃんの要求に応えつつ、外界から与えられる評価をしのいでいくことは非常に大変であるし、特にそもそも自分の決断に割り切れない思いを抱いている場合はなおさらです。多くの女性はある程度の専門性に到達するまで相当がんばってきたのであり、たとえ家庭に留まることに決心がついていても、通常は自分の仕事についてかすかな疑念やあこがれが残っているものです。

新しく母親となった人がどんな決断をしたとしてもそんな混乱が起こるのだとしたら、私たちは明らかに社会として、何か間違ったことをしているのです。仕事に戻った母親は、経済的な報酬を得ます。これを支えるためにわれわれは保育にたずさわる人員を産出しつづけてきました。しかしながら保育者に、そこまで高額な報酬を支払うことはできません。母親の給与が使い尽くされてしまっては、仕事に行く労が経済的に報われないからです。さて私たちはというと保育者に完璧を求めるのですが、それも母子の絆が脅かされない程度の完璧を求めるというわけです。関係する誰もが、どうしようもない立場におかれています。

旧東ドイツの母親たちが、子どもが幼い頃の母としての過ごし方を後悔しているのを、いま私たちは目撃しています。ドイツのうちかつて共産圏だった地方では、母親は赤ちゃんが生まれると即仕事に戻っていました。これはすなわち文化によって是認されていた分離です。東西ドイツの統合後こうした女性たちは、六か月の産後休暇が普通という、西ドイツのよりフレキシブルな制度に触れることになりました。自分が失ったものに改めて気づく苦悩の中で、こうした女性たちは以前の東ドイツの制度を、怒りと絶望の入り交じった目で見ています。

赤ちゃんとともに家庭に留まるかどうか、留まるとすればどの程度留まるかという問題に対して、大多数の母親が大いに気をもみながらやりくりし、夫や家族の助けも借りつつ何とか実行可能な妥協策にたどり着いているのは、ほとんどの女性たちがもつ創意のあかしであり、新たに母親となった人たちの強い愛のあかしです。初めに願っていた通りではないかもしれませんが、彼女らは子どもを育てていくという仕事を、明らかに十分うまくやっています。彼女らは私たちの社会からほとんど、あるいはまったく評価されないままに、この課題を何とかしてやり遂げ、しばしば相当の人間的犠牲を払っています。

母親となった人たちは、習慣と価値の歴史的移行期にあって、自分たちの経験している混乱の大部分は、社会が全体として抱えるより大きな問題の反映であることに、はっきり気づく必要があります。彼女らは概して、しくじったり不十分なことしかしていないのではなく、むしろ不利な状況下でも自分の異なるアイデンティティのバランスを、必死で取ろうとしているのです。

復職という現実に向けて母性を再調整することは、母親の誕生の第三期における最大の課題です。必要な妥協としてどんなことを選んだにせよ、それはあなたの母性とそれ以外のアイデンティティとの両方に影響を及ぼします。妥協は避けられないでしょう。しかし、赤ちゃんにとっての必要も、あなたの経済的現実も、一人の人間としての自分の未来も大切にしつつ、また母親としての自分も最大限重視して、賢く妥協しようではありませんか。今も、またこれからも。

第11章 父親になる夫たち

　ここまで本書は、女性が内面から母親になる様子を描いてきました。つまり女性が妊娠してから現実の赤ちゃんと出会う出産後まで、母親がたどる心の世界を論じてきたわけです。しかし一般にはその間ずっと彼女のかたわらで、自分自身の問題に取り組みながら、父親となりゆく旅路を歩んでいる男性がいるのです。このドラマにおいて父親は同じくらい重要な人物であるのに、私はここまで母親の経験にしかほとんど焦点を当ててきませんでした。ここからは父親について、特に子どもを迎えたあなた方二人が、どんなふうにもう一度夫婦関係を築き直してゆかねばならないのかという視点から、見てゆきたいと思います。

　母親となったばかりの人は、自分の母親アイデンティティを夫婦関係に溶け込ませる道を見いださねばなりません。あなたが母親として新しいアイデンティティをつくろうとしている間に、あなたの夫も自分自身のそれ、つまり「父性」を築こうとするのは、当然理にかなったことです。私たちの時代と文化において父性というものは、ほとんど未開拓の領域です。その領域を描き出すだけでも難しいことですが、それは今日の若い親たちが、文化的・経済的現実の急速に移り変わる、予測困難な世界で生きているからです。新たに親となった人たちのほとんどは、伝統的な過去と曖昧な未来との間のどこかにとらわれています。ここで私が提供したいのは、私たち社会の到達点を伝える、ある種の経過報告です。それによって、父親が対処せねばならない問題のいくらかを母親のあなたに理解していただき、二人にとって居心地のよい夫婦関係を、よりうまく築いていってもらえればと思います。

文化的信念

夫婦は自動的に父親役割と母親役割をもつようになり、そして最終的には家族内でのいろいろな課題をそれぞれお互いに割り振るようになります。意識的にせよ無意識的にせよ夫婦は、基本的に誰が赤ちゃんを風呂に入れ、誰が洗濯をし、誰が医者に連れて行き、誰が夜中に起きてお乳をあげるかといった役割分担をひねり出すものです。二人は自分たちの間で誰が何をやるかを決めるだけでなく、それぞれの課題に対して、おのおののライフスタイルにより異なる価値を置いています。

私たちは役割や課題の分配を、その夫婦の「親としての文化的信念」と呼んでいます。それは移り変わったり変化することもありますが、たいてい大まかには伝統的信念か平等主義的信念かの、いずれかに分けられます。この二つは重複する点も多いのですが、説明のために一応別々のものとして扱うことにしましょう。

✦伝統的な夫婦関係

伝統的な結婚では父親は、赤ちゃんの世話には母親が完全に責任を負うものと考えています。父親は部分的にその仕事を分担することもあるでしょうが、頭の中では妻を手伝っているだけとか負担を減らしてあげているだけのつもりであり、その仕事を引き受けたとは思っていません。自分の本来の役割は、妻を情緒的・物理的・実際的そして経済的な意味で支えることだと考えており、それが外界からの風当たりをやわらげ、妻に赤ちゃんの世話を覚えていくゆとりを提供するのだと考えています。

こういう筋書きにのっとるなら父親は、「赤ちゃんの命を守らねばならない」という圧倒的衝撃を、もろに受けることはありません。少なくとも、母親と同じようには直面しないで済みます。その代わり彼は、この新しい家族を破産させないようにやっていかねばならぬという、突然の認識に打たれるのです。この現実の衝撃によって彼は、自分の義務について前とは違った見方を強いられます。仕事と経済的安定とが、これまでになく重要になってくるのです。新たに父親となった男性の多くは、自分たちをとりまく物理的安全ということに急にこだわりだし、住まいの環境を見直したり、家族にとって安全な環境を確立するために猛烈に努力するようにさえなります。

あなたの夫の自己イメージが変化してくると、彼は生命保険とか医療保険とか雇用保障とかいったことを、今までになく真剣に心配しはじめるかもしれません。伝統的な夫婦では父親は外を向き世界と向き合っていますが、これは妻が内を向き赤ちゃんと向き合い、外界とは切れているのとまったく対照的です。

伝統的なモデルがこれほどまでに多くの文化で、私たちの知る歴史のほとんどを通じて広まっているのには、もっともな理由があります。まず分かりやすい理由として、母親は自分の胎内に赤ちゃんを身ごもり、生まれたらすぐ母乳を通じて関わり続けていくという、母親のもつ赤ちゃんとの物理的関係性が挙げられるでしょう。生物学的観点からいうと興味深いことに、伝統的なモデルは大型類人猿の世界にもみられます。たとえばヒヒの世界では、母親は上の子たちや他のメスたちとともに内輪《ないりん》を形成し、そこで赤ちゃんのお世話に専念します。いっぽうでオスたちは内輪から一定の距離を取って座り、サバンナを注意深く見渡して危険と餌の両方に目配りし、外を向いて周囲の環境を「読んで」いるのです。

動物界からとった例が人間にも当てはまるのかどうか、また伝統的なパターンがおこなわれるのに生物学的要素が働いているのかどうかは誰にも分かりません。（自分が父親になると知らされると、筋肉を収縮させて威嚇の身ぶりをしながら胸を叩き、椅子から椅子へと飛び移って興奮のおたけびを上げつつ、部屋じゅうを走り回る父親もいるというのは昔からよく聞く話ですが！）どんな生物学的要素が働いていようと、それは何世紀にもわたって強力な文化的影響を受けたせいで、覆い隠されているでしょう。

伝統的な役割分担をとった人にも、それ相応に挑戦しなければならない課題は生じてきます。あなたの人生におけるこの劇的な時期に、外の世界に向かいはじめる夫をあなたがよく理解できないのとちょうど同じように、夫はなぜあなたがそこまで必死になって赤ちゃんに向かうのか理解できないでしょう。新たに父親となった人の多くは妻のこの変化を、困惑と嫉妬と驚きの入り交じった目で見つめ、この豊かで神秘的な経験の世界に自分は入っていけないことに多少の物足りなさも感じるのです。とはいえ伝統的な父親は無関心だとか、赤ちゃんと遊ばないとか身体的な世話をしないと言っているわけではありません。どれも大いに、また喜んでこなしもするでしょう。けれども彼の中では、外の世界に存在する具体的な脅威や象徴的な脅威から自分たちの新しい家族を守り支えることが、自分の中心課題であり続けるのです。ある母親は夫に芽生えた新たな父性の初めての兆しを、おかしそうに話してくれました。

赤ちゃんが生まれて二日目の朝、病院に会いに来てくれた夫は、おかしな表情を浮かべていました。何だかきまり悪げで、しかし同時に誇らしげだったのです。彼は私のほうにかがみ込んでこう言いました。「僕がゆうべ床につく前に何をしたか、絶対想像がつかないだろうね。庭をうろつき回って四隅にオシッコして、どこかの犬やオオカミみたいに自分の縄張りをマーキングしたのさ。どうしてまたそんなことをしたのか、訳が分からないよ」。私はおかしかったけれど、同時にそういうことをしてくれたのが嬉しいような気もしました。もちろん妙なこと、あるいはちょっぴり原始的なことではありましたが。

ほとんどの伝統的な夫婦では、妻は昼間赤ちゃんと家にいて、夫は夜仕事から帰ってきます。こういう場合には父親の遊び方は、母親が赤ちゃんと日中ずっとしている遊び方とはずいぶん違うことが分かるでしょう。父親は赤ちゃんを空中に投げ上げたり大きな音を立てたりと、はるかに激しい遊び方をする傾向にあります。彼は赤ちゃんを強く突っついたりくすぐったりして、触覚や運動感覚に強い刺激を与える名人のようです。たいていの赤ちゃんはこれが大好きで心待ちにしています。実際父親が戸口から入ってくると、またスリル満点の遊びをしてもらえると赤ちゃんが期待をふくらませる様子が、その体の緊張や表情に読み取れるでしょう。

一次的養育者であり、赤ちゃんとほとんど丸一日一緒にいる母親もまた名人ですが、母親の場合には赤ちゃんを興奮させ過ぎないもっと細やかなやり方をし、言葉による刺激や優しい接触刺激をより多用します。こうしたお母さんは寝かしつけのときには、しょっちゅう父親に「落ち着いて」と言わねばなりません。さもないと赤ちゃんは興奮して眠れませんから。乳児観察をおこなった者のほとんどは、こういう遊びのパターンの両方が、赤ちゃんにとって価値をもつと考えています。それぞれが違う経験を提供し、違うことを教えているからです。

驚くべきことにこうした遊びのパターンは、性別に結びついたものでも生来のものでもありません。もし男性が養育者として赤ちゃんと家にいることになり、女性が家を離れ外で常勤の仕事に就き夜帰宅するのだと、このパターンは逆になります。父親のほうがより細やかで抑制の効いた刺激をし、母親のほうが帰宅早々、赤ちゃんを宙に放り投げて大騒ぎするようになるのです。

より伝統的な父親のもう一つの特徴は、妻よりも遊びのレパートリーが少ないことです。赤ちゃんと一緒にいるときの注意や許容力も、短い間しか持続しません。一般に父親は赤ちゃんといつもの遊びを一通りやってしまい、自分の限られた持ちネタが尽きてしまうと、遊ぶのをやめて赤ちゃんをお母さんに返します。そしてゆったり座って新聞を読むか、テレビを見はじめるのです。彼は自分がより落ち着く、外の世界にまた目を転じたわけです。

それに比べて母親のほとんどは、外界の小道具なしでのやりとりがずっと上手です。顔や声だけを使ったり、即興の遊びに夢中になったりして長いことやっていられます。父親は小道具やおもちゃを求め使う傾向があり、彼らの遊びは明確な初めと終わりをもつ、より構造化されたものです。

あなたが伝統的な夫婦に属しているとしたら、赤ちゃんと一緒にいて世話ができる夫の忍耐に限界があっても、それは一般に彼の個人的な選択の問題ではないし、また受動攻撃性の実例（「見ろよ、俺はこんなに下手なんだ。だからお前がやれよ」）でもないことを、はっきり認識しておくことが大事です。「彼がもっとがんばりさえしたら変われる」などとは考えないほうがよいでしょう。実際、この忍耐度の低さは深いところで感じ取られていて、父親自身にとっても説明不能なものです。赤ちゃんとある一定時間を過ごすと、彼らはもう本当にダメになって、どこかよそに行きたくなってしまいます。その時点を越えてもなお赤ちゃんと一緒にいなければならないと、イラつきだすかもしれません。母親もまたイラつくものだということは私たちもよく知っています。しかし違うのは、伝統的なパターンだと父親は母親のイライラ度に関わりなく母親に仕事を任せてしまうところです。

夫婦げんかのきわめて多くが、まさにこのことをめぐって起こります。それぞれの世話を夫婦で分担し合うための交渉という表面的問題のほかに、そこには夫婦の双方が自分たちの伝統的役割を本当に等しく受け入れたのかという深いレベルの問題が存在します。父親が劇的に自分の信念体系を変えない限り、彼の忍耐度は変わらないでしょう。男児や男性を外的世界に一番関心をもたせる方向に押しやり、女児や女性を内的世界（養育も含む）に一番関心をもたせる方向に押しやる社会化の力は、巧妙かつ普遍的です。

多くの場合、伝統的な父親は赤ちゃんの日常の世話にあまり関わらず、かつ自分を二次的な養育者と見なしています。そのため「(自分の父親にとっての) 息子」というアイデンティティから「(自分の子の) 父親」というアイデンティティへの移行は、より遅くにしか起こりません。実際のところこの種の移行は、子どもが二歳から三歳になるまで十分には起こらないのです。その年になるとほとんどの父親たちは、自分の子どもとより親しく応答性のある、新しい関係性を築きます。けれどもそのときになっても父親は自分の責任を「世話の担い手」としてよりも「教師役」として、また「楽しみを共有する役割」と考えています。ある意味で伝統的な父親は世界一般への、つまり彼自身がより熟知して住み慣れたその世界への手ほどき役として、自分をとらえているのです。

中流家庭の構造とその中での両親の役割についてのこの一九世紀的な見方は、力動精神医学的な思考がずっと忠実に従ってきた見方です。こうした見方によると、父親の役割は親密な母子関係の圏内から子どもを引っ張り出すことであり、それは子どもが三歳頃から始まって、子どもに社会・文化そして世界の現実を手ほどきするものとされています。力動精神医学の用語でいうと、子どもは三歳まで母親との二人組《ダイアド》(二者関係) の中で生き、そこに父親が侵入してきてその二人組を三人組《トライアド》(三者関係) に変えるわけです。けれどもこうした見方は、この分野でも変わりはじめています。

多くの場合、今日たとえ伝統的な夫婦の赤ちゃんでも、母親との二人組ばかりでなく父親との二人組にも即参加し、それから母と父との三人組にも加わっています。日常的な活動の多くが、いまや三人全員でおこなわれているのです。その際たとえ片方の親は見ているだけでも室内にはおり、三人組を形成しています。赤ちゃんにとって父親がいる所で母親といることは、母親と二人きりでいるのとは違う経験であり、逆もまた言えます。子どもにとって父親との暮らしはもはや三歳から始まるのではなく、ふつう生まれたときから始まって、その子の経験を豊かにしているのです。

昨今は、親役割は変わったのだと頭では分かっていても、子育てはまだ母親だけの仕事であるかのように振る舞っている男性もいます。そういう父親は妻をサポートしようとはするものの、支持基盤の一員になることはしません。支持基盤という「魔法を心得た者だけの秘密結社」の一員として、妻を励ましたり認めたり助言したりするかわりに、彼はただ自分の愛情と驚嘆を伝えることで、妻を支えようとします。彼は妻を才能ある音楽家を讃えるように讃えることはできますが、そのすばらしい仕事に自ら加わろうとはしないのです。しかしこれもまた、妥当で貴重な一つの支え方と言えるでしょう。

問題になるのは男女の間で、その夫婦関係の性質や役割の違いについて、意見が食い違っている場合です。もしいっぽうはそれを伝統的な夫婦関係と考えているけれども他方は違うとすると、女性のほうは男性に「もっとやってほしい、もっと責任を担ってほしい」といつも思っていることになりかねません。男性がそうしないかあるいはできないでいると、母親はしばしば腹を立て、父親としてのみでなく夫として男性として彼に幻滅してしまい、結婚生活に先々までぬぐえない影響を及ぼしてしまいます。

すでに述べたように、お母さんになった女性が、夫を父親としてどうかという目で見直しはじめたときが、その夫婦関係の正念場なのです。多くの場合、将来にわたっての夫婦関係のすべてが、そこで決まってしまいます。不幸なことに幻滅が忍び込むのは、このときなのです。

ある母親の嘆きを聞いてみましょう。あまりにも多くの夫婦で聞かれる嘆きです。

トムには、自分にも娘がいるっていうことが分からないようなのです。つまり、私だけの赤ちゃんではないってことが。娘の父親なのに、彼にはそれが分からないみたい。あまり長いこと抱っこしてくれないし、おむつも替えないし、いつも私が娘の世話をするものだと思い込んでいる。それでいて、自分が帰宅して部屋がひっくり返っていると首をかしげるんですから。

先週なんて彼、この子と一緒だと夜中に起こされて十分休めないからといって、ソファーで寝はじめたんです。私はどうなるの？　リビングで寝ているのは気の毒ですけど、でもこの子は赤ちゃんで、私たちはどちらもこの子の親なんですからね。まったく勘弁してほしいわ。

睡眠だけの問題とは思えません。彼は私たちの生活から、自分だけ切り離しているんです。私と娘から。

この夫婦はとても大切な問題をめぐって、気持ちが離れてゆきそうです。関係を修復し、夫婦関係を成り立たせている他の大事な問題にも飛び火しないようにするには、夫婦がお互いに、ある程度の努力をしなければなりません。

また別のお母さんは、自分のおかれた状況をこんなふうに話しました。

赤ちゃんを授かることで、夫との間がこれほどピリピリするとは思ってもみませんでした。夫はこういう状況すべてのせいで気が休まらずに、私もそのせいで脅かされているんです。夫は赤ちゃんなんか泣かせておいて、抱き上げるなというんです。甘やかすからって。ベビーシッターに任せておけば、またいつでも二人で出かけられると思っているんです。何かにつけケンカばかりしています。夫は自由にものが言える気でいますが、彼には赤ちゃんの世話に必要なことなんて何も分かっていないんです。母親になるだけでも大変なのに、彼ともやり合わなきゃいけないなんて、本当に大変で。

必要ならいつでも赤ちゃんを連れて、しばらく実家に帰るつもりです。

ここでもまた、お決まりのパターンが始まりかけています――「夫婦関係にとって決定的に大事な問題から逃げ出す」というパターンが。こういうたぐいの葛藤は、家庭生活の形を永久に決めてしまいかねません。夫婦関係の質は、母親がこう宣言するに至ったときから、危機にさらされるのです。「私はついに決心しました。この子は私一人で育てるしかありません。これは私の子。今日から子どもと私は、彼の敵です」と。

恨みと不吉な予感のこもったこの台詞は、父母間の深い亀裂の始まりを告げています。この種の葛藤は、母 - 娘の巻き込み合う関係につながり、それがまた娘 - 父間の疎遠で難しい関係へとつながるかもしれません。何年も後に、もし父親と娘が歩み寄ろうとしても、母親はそれを反逆と受け取りかねず、娘は罪悪感と戦わねばならなくなるかもしれません。このように親役割についての誤解は、間違いなくこの家族内の人間関係に、暗い影を落とすでしょう。

伝統的な夫婦関係を、古くさいと思われる方もあるでしょう。しかしそれには明らかに長所もあります。父母が互いに異なりつつも補い合う役割を演じていると、その赤ちゃんは、親しいけれども違いもたくさんある他の人たちとの、幅広いつきあい方を経験します。また、たまの遊び相手か道化役でしかないお父さんの貢献なんて赤ちゃんにはほとんど無意味だとか、夫にばかり好都合だと思っているお母さんもいらっしゃるでしょう。しかしそれは、彼が家族にとって実にかけがえのない部分をもたらしていることを、過小評価しています。また伝統的なパターンは、女性がしばらくの間内向きの母親的な世界に、心おきなく没頭するゆとりを与えてもくれます。

✦平等主義的な夫婦関係

現代では、平等主義的な夫婦が増えています。平等主義の夫婦は、家族生活の他のほとんどのことと同じように、赤ちゃんの世話も平等に分かち合うべきと信じています。ある種の文化や所得階層においては、これが今後の流れになりそうです。

平等主義への流れを加速する原動力になっているのは、次の三つのことがらです。（1）家計を支えるため、両親ともフルタイムの職につくことが必要な経済的現実、（2）フェミニズム運動によってもたらされた平等のイデオロギー、（3）拡大家族の弱体化によって義父母などの姻戚やきょうだいの位置を、父親が補わざるをえなくなったこと。

私の経験では純粋な平等主義的父親というのは、いまだ現実というより理想に属するもののようですが、とはいえ多くの伝統的父親がその方向へ引っ張られています。もちろん一次的養育者である父親も存在しますが、まだ多くはありません。ほとんどの父親は初めは強いられて、あるいは説き伏せられて子どもの世話をより多く担わされたものの、やってみると意外にその役割に充実感を覚えだすようです。多くの場合彼らは、子育ては思ったよりずっとおもしろいと気づき、その役割に驚くほどなじみ、そして心からこの思想に転向するに至るのです。

当然こういった共同の子育てにもまた、それ特有のハードルや難しさがあります。世話のすべてを分担するのは「言うは易く、おこなうは難し」なのです。というのも多くのことは、真ん中でちょうど半分ことというわけにいかないからです。たとえそれぞれの親が正確に半分ずつの時間を割いて世話したとしても、責任まで平等に分かち合うわけにはいきません。実際にも、心理的にもです。こういう取り決めをしていると親たちはそれぞれ、相手が自分の責任分担をちゃんと果たしていないと思って点数を付けはじめたりします。しかしそれでは子育ての場は、戦いの場になりかねません。

私の知っているある夫婦は、週末には平等になっているように、お互いのやった仕事量が正確に示されるシステムを編み出すところまでいきました。彼らは毎日家の掃除、夕食づくり、皿洗いを誰がやったか書き留めるだけでなく、鍋を一番多く磨いた者にポイントをつけることまでしていました。このシステムが破綻したのは、誰が一番赤ちゃんと質の高い時間を過ごしているかを比較しはじめたときでした。母親はこれを次のように説明しました。

……　夫の考えでは、赤ちゃんを揺り椅子にあずけてテレビを見ていても、あるいはその揺り椅子をガレージに移動させて自分の仕事をしていても、赤ちゃんと一緒にいることになるらしいのです。そんなの赤ちゃんと一緒にいると言えないと私は思うけれど、彼はそれも一緒にいることになると言うんです。

逆の極端な例では、いっぽうの親が赤ちゃんといてより幸せそうであったり、赤ちゃんとの時間をより楽しんでいると、もういっぽうの親が嫉妬しはじめることがあります。ある母親はこう説明しました。

私は最近家計の足しにするため、週に四日、夜勤の仕事を始めました。そういう晩には夫が赤ちゃんの面倒を見ます。夫は赤ちゃんの扱いがとても上手で、私は感謝するべきなのかもしれませんが、でも彼はおやすみ前の娘とのあの幸福な時間を手に入れて、娘をとても気に入ってしまったみたいなんです。夜帰宅すると娘がすやすやとまだ彼の腕の中で、彼も時には眠り込んでいたりするのを、私は何度も目にしました。取り残された気持ちにさせられるこんな時間を、二人は過ごしているのです。

両親が赤ちゃんをめぐって競いだすと、普通なら性や仕事の舞台でくり広げられるような権力・支配権そして競争の、あらゆる問題が生じてくるようになります。もしこうした感情が子育ての領域に入り込んでくると、三人全員の関係が損なわれることになります。

一部の母親たちは結局、平等主義的な取り決めになど初めから乗らなければよかったと思うようになり、夫をますますかやの外におき、自分は母親としての仕事に没頭するようになります。この場合夫は当然、騙され拒絶されたと感じます。父親としての人生設計を抱いて努力してきたのに、自分の下した決断から十分な満足を得られないのですから。

平等主義的な結婚における夫は、妻の欲求をすべて満たすことはできず、そのため彼自身の満足感もそがれます。たとえば夫は、妻の支持基盤の一員になれません。支持基盤はふつう親族であれ友人であれ、支えになったり助言してあげられるような、経験ある女性たちによって成り立つものだからです。夫婦が親族やなじみの友人たちから遠く離れて暮らしていると、母親となったばかりの女性は、夫がこの支持基盤に加わってくれることを期待しがちです。しかし至極当然のことながら、新米の父親は実際こうした役割をうまくこなせません。彼は計り知れない実際的・物理的な手助けを提供して連帯感を高めることはできても、賢いカウンセラーとして認めてあげたり助言したり励ましたりする立場にだけは立てないのですが、母親となったばかりの女性は、しばしばそれを求めるのです。赤ちゃんがなぜ泣いているかとか、もっと早く寝かしつけるにはどうすればいいかとか、もっとスムーズに授乳するにはといったことについては、実際のところ夫も、妻以上ではないにしても、同じくらい何も知らないのが普通です。彼は手助けしようとしますが当然失敗し、そのせいで夫婦は二人して失敗してしまったという感じを味わいます――ほとんど夫婦として無能、という感じです。悲劇なのは、二人がそれを自分たちの失敗と思い込んでしまうことです。どうやっても不可能な状況におかれているのに。

たとえ夫が支える役割をある程度演じられたとしても、それはもっと複雑な問題につながります。支え役となる過程で、夫はある程度母親化されてしまい、そのため父親や夫や養育者といった他の役割を兼ねるのが難しくなってしまうのです。これらは一人で務めきるには誰にとっても多すぎる役割であるばかりか、そもそもその性質がどこかしら矛盾し合った役割です。私たちの社会において、母親的でありながら同時に夫でもあるのは、あるいはその両者を行き来するのは難しいことです。夫婦の関係の質は、夫がより母親的になっていく過程で変わってしまい、それが普段の状態にまで戻るのには長い時間を要するか、ことによると二度と元には戻らないかもしれません。

けれども平等主義的な取り決めがうまくいった場合には、二人の間に強い連帯感を育むことができます。一緒に何かに取り組み、子育てをやりきり、お互いの関係をより深めるという喜びを同時に味わえるのです。

復職を望んでいる母親にとっては、平等主義的な取り決めには特有の利点があります。こういう状況下の女性は、時が来れば夫に責任を分担してもらえると分かっているので、それが出産直後の何か月かのプレッシャーをある程度和らげてくれます。夫が家庭に同等の貢献をしてくれると分かっていると、妻は母親として、職業人としての自らのアイデンティティを思い描くことができます。子育てという自分たちの人生の重要な一部を、夫が心から尊重してくれていると感じられるのです。こういう状況にある女性の多くは、夫に対して深い感謝と友情を感じ、夫婦の絆はさらに強まります。

未開拓の領域

子育てのあり方のこうした移り変わりから生じてくる問題を、すべて把握できるほどの経験は、今のところまだ蓄積されていません。しかし一つだけ確かなことがあります。それは、人びとがついていけないほど子育てのあり方が急激に変化しており、しばしば若い夫婦たちに、望んだことも考えたこともないような対処を強いていることです。一つの社会として私たちの理想や理論は、政策の実際と必ずしも調和していないために、新しく親となる人たちは、妥協のみしかあり得ない、解決不能のジレンマの中におかれています。たいていの夫婦は自分たちの子育てのニーズに合わせて一連の妥協策をひねり出すことになりますが、それもめったに長続きせず、常に見直しを迫られます。

この主題を扱った研究でさえも、明確な理解を示してはいません。最近の研究では父親のアイデンティティが伝統的なものでも平等主義寄りのものであっても、赤ちゃんとの関係は大して変わらないらしいと分かっています。ある研究では平等主義の父親は、さまざまなお世話に長い時間を費やしていても、伝統的な父親と変わらない程度にしか子どもと遊んでいないことが示されています。赤ちゃんと父親の愛着のパターンも、両者で大きな違いはないようです。

けれども父親としての二つの異なったスタイルの間で、際立つ違いが二つあります。まず平等主義的な父親はそうでない父親より、子育てに参加した経験が自分をよりよい父親にしたと感じています。第二に平等主義的な関係にある女性のほうが、この社会において自分が果たしている母親役割により満足しているようなのです。

父性は急速な、時に動乱といってよいほどの進化にもまれながら、試行錯誤をくり返しつつ不確実な未来へ向けて、人知を超えた影響に左右されつつ押し流されています。今日の世界において母親となり父親となることは難しいことですが、だからこそ、あらゆる努力を注ぐ価値があるに違いありません。

おわりに

母性を仕事や夫婦関係にうまくすり合わせるだけでなく、あなたは母親という新しいあり方に、他の多くのアイデンティティを調和させてゆかねばならないでしょう。実家・友だち関係・趣味の場での自分、地域やもっと広い社会で役割を担う自分など。こうしたアイデンティティを調整し直すことすべてが、母性への適応期をなしています。あなたは多くの歳月をかけて、人生全体の中に、この新しいアイデンティティのための場所を見つけるでしょう。母親として花開き、またその経験によって女性として、人としての人生が高められるような場所を。

母となる過程についての私の話はそろそろ終わりですが、その過程自体には、決して終わりがありません。母親としての心はあなたの一部として永久に残り、子どもたちが成長し、家を離れ、結婚し、自分自身の子どもをもつようになるまで、何度でも練り直されるのです。

子どもをもつ女性が人生を振り返って、何を一番誇りに思うかと尋ねられたとき、たとえそれが比類ないキャリアを築きあげた人であっても、その大多数はこう答えます。「私の誇りは子どもたちです。この子たちの母親であったことを、誇りに思います」。母となったばかりのあなたも、きっといつかこの問いに、同じ答えを返すようになるに違いありません。

訳者あとがき

夫婦のあいだに赤ちゃんが生まれる。それは大変喜ばしく、祝福すべき出来事です。しかしそれは単に「二人が三人になる」ことではありません。夫婦の関係のあり方はその時から急激に変化し、激しい感情の渦が家族それぞれを巻き込んでゆきます。その感情の渦は、言葉以前のものです。言葉でとらえにくいために自覚しにくく、自覚しにくいからこそ無意識の水準で、私たちをいやおうなく押し流してゆきます。

求めているのにすれ違ってしまう、愛することが相手への支配になってしまう……家族だからこその激しい感情の渦を、あなたも経験したことはないでしょうか。

しかも赤ちゃんを迎えたばかりのこの時期は、赤ちゃんの心に決定的な影響を与え、夫婦にとってもその後の関係の質を左右する、重要な時期でもあります。赤ちゃんを授かることで、女性はどう変わるのか？　それは夫にどう影響し、どんなとまどいを生じさせるのか？　夫婦はそれを、どう乗り切っていけばいいのか？　父親と母親の役割は違うのか？　親が赤ちゃんに無意識にかける期待が赤ちゃんに及ぼす影響とは？　実家との関わりは？　復職するかどうか、するならいつか？　家族のその後を方向づけるといってもよいこの時期に、こうした基本的な問題について私たちがあらかじめ知っていたなら、その後の家庭生活のすれ違いや不幸が、どんなに軽減できることでしょう。

この本の著者であるスターン博士は、母子関係の研究に長らく携わってきた乳幼児精神医学者です。『乳児の対人世界』『親-乳幼児心理療法』『もし、赤ちゃんが日記を書いたら』など、その多くの著作は画期的な試みとして世界中で高く評価され、私生活では自身父親でもあります。この本には博士が長年の研究と実体験からつかんだ知恵が、小児科医で児童精神科医の奥様の協力のもとに、やさしい言葉で簡潔にまとめられています（原題 *The Birth of a Mother: How the Motherhood Experience Changes You Forever*）。

博士は赤ちゃん研究・母親インタビュー・父親としての体験を通して、子・母・父という3つの心の世界を、内側から理解しようとしてきました。その博士が長い研究生活のいわば「旅の終わり」と呼んだこの本には、いずれかの立場の代弁にとどまらないバランス感覚が生きています。

これから母親になる方、赤ちゃんとの生活が始まったけれど育児書には書かれていない問題に悩んでいる方、今後復職をどうするか迷っているお母さん、また妻の出産後の変化にとまどいを感じているお父さん、母子保健に関わるさまざまな領域の方々に、この本を通じて博士のメッセージが少しでも伝わりますように。

最後になりましたが、創元社の渡辺明美さん、小林晃子さんには、つねに読者の立場に立った的確で親身なご助言をいただきました。心からお礼を申し上げます。

二〇一二年一一月　　北村婦美

◆著　者

ダニエル・N・スターン（Daniel N. Stern）
ナディア・ブラッシュワイラー-スターン（Nadia Bruschweiler-Stern）
アリソン・フリーランド（Alison Freeland）

ダニエル・N・スターンは乳幼児精神医学者。1934年、アメリカ生まれ。2012年没。ハーバード大学の生化学の学士取得後、アルバートアインシュタイン医科大学卒業。コロンビア大学で精神分析医資格を取得し、同大学をはじめとしてニューヨーク州立精神医学研究所・コーネル大学、スイス　ジュネーブ大学などで研究。著書『乳児の対人世界』『親-乳幼児心理療法』（いずれも岩崎学術出版社）、『もし、赤ちゃんが日記を書いたら』（草思社）など多数。それまでの心理学理論の前提を覆し、現実の母子の観察から、新しい赤ちゃん観・母親観を描き出した。自身も五人の子どもの父親。共著のナディア・ブラッシュワイラー-スターンは妻で小児科医・児童精神科医、アリソン・フリーランドはジャーナリスト。

◆訳　者

北村婦美（きたむら　ふみ）

精神科医、臨床心理士。1996年、京都大学医学部卒業、日本精神分析学会認定精神療法医スーパーバイザー。現在、東洞院心理療法オフィス、太子道診療所精神神経科に勤務。訳書『パーソナリティ障害の診断と治療』『分析の経験――フロイトから対象関係論へ』『臨床におけるナルシシズム――新たな理論』（いずれも創元社）、『ウィニコット用語辞典』（誠信書房）（いずれも共訳）、『他者の影』（みすず書房）など。

母親《ははおや》になるということ

新《あたら》しい「私《わたし》」の誕生《たんじょう》

2012年11月20日　第1版第1刷発行
2021年10月10日　第1版第5刷発行

〈著　者〉　ダニエル・N・スターン
　　　　　　ナディア・B-スターン
　　　　　　アリソン・フリーランド
〈訳　者〉　北村婦美

〈発行者〉　矢部敬一
〈発行所〉　株式会社 創元社
本　　社　〒541-0047　大阪市中央区淡路町4-3-6
TEL.06-6231-9010(代)　FAX.06-6233-3111
東京支店　〒101-0051　東京都千代田区神田神保町1-2 田辺ビル
TEL.03-6811-0662
https://www.sogensha.co.jp/

〈印刷所〉　株式会社 フジプラス

〈装　幀〉　長井究衡

 ISBN978-4-422-11554-2 C1011